História da Igreja cristã

JESSE LYMAN HURLBUT

História da Igreja cristã

Edição revista e atualizada
abril 2007

EDITORA VIDA
Rua Conde de Sarzedas, 246 – Liberdade
CEP 01512-070 – São Paulo, SP
Tel.: 0 xx 11 2618 7000
atendimento@editoravida.com.br
www.editoravida.com.br

©1918, de Jesse Lyman Hurlbut
Título Original
The Story of the Christian Church
edição de 1970 publicada por
(Grand Rapids, Michigan, 49530, EUA).

■

Todos os direitos em língua portuguesa reservados por Editora Vida.

PROIBIDA A REPRODUÇÃO POR QUAISQUER MEIOS, SALVO EM BREVES CITAÇÕES, COM INDICAÇÃO DA FONTE.

■

Editor responsável: Sônia Freire Lula Almeida
Edição: Josemar de S. Pinto
Revisão técnica: Jorge Pinheiro
Revisão: Lilian Jenkino
Diagramação: Set-up Time
Capa: Douglas Lucas

Scripture quotations taken from *Bíblia Sagrada, Nova Versão Internacional, NVI* ®
Copyright © 1993, 2000 by International Bible Society ®.
Used by permission IBS-STL U.S.
All rights reserved worldwide.
Edição publicada por Editora Vida, salvo indicação em contrário.

2. edição: 2007
2ª reimp.: ago. 2008
3ª reimp.: out. 2009
4ª reimp.: jul. 2013
5ª reimp.: maio 2014
6ª reimp.: set. 2018
7ª reimp.: ago. 2020
8ª reimp.: nov. 2020
9ª reimp.: jul. 2022

Dados Internacionais de Catalogação na Publicação (CIP)
(Câmara Brasileira do Livro, SP, Brasil)

Hurlbut, Jesse Lyman, 1843-1930.
História da igreja cristã / Jesse Lyman Hurlbut; pósfácio de Jorge Pinheiro; tradução João Batista. — Ed. rev. e atual — São Paulo: Editora Vida, 2007.

Título original: The Story of the Christian church.
ISBN 978-85-7367-991-5

1. Cristianismo 2. Igreja - História I. Título.

07-0465   CDD-270

Índices para catálogo sistemático:
1. Igreja cristã: História 270

Sumário

Prefácio   9

Esboço dos capítulos 1-5   11

1. Os seis períodos gerais da história da Igreja   15

Primeiro período geral

2. A Igreja apostólica   20
PRIMEIRA PARTE
A Igreja do período pentecostal

3. A Igreja apostólica   29
SEGUNDA PARTE
A Igreja em expansão

4. A Igreja apostólica   39
TERCEIRA PARTE
A Igreja entre os gentios

5. A Igreja apostólica   48
QUARTA PARTE
A era sombria

Esboço dos capítulos 6-8   56

Segundo período geral

6. A Igreja perseguida   59
PRIMEIRA PARTE
As perseguições imperiais

7. A Igreja perseguida   70
SEGUNDA PARTE

8. A Igreja perseguida   77
TERCEIRA PARTE

Esboço dos capítulos 9-11   83

TERCEIRO PERÍODO GERAL

9. A IGREJA IMPERIAL   86
PRIMEIRA PARTE

10. A IGREJA IMPERIAL   96
SEGUNDA PARTE

11. A IGREJA IMPERIAL   107
TERCEIRA PARTE

Esboço dos capítulos 12-17   119

QUARTO PERÍODO GERAL

12. A IGREJA MEDIEVAL   124
PRIMEIRA PARTE

13. A IGREJA MEDIEVAL   135
SEGUNDA PARTE

14. A IGREJA MEDIEVAL   144
TERCEIRA PARTE

15. A IGREJA MEDIEVAL   152
QUARTA PARTE

16. A IGREJA MEDIEVAL   160
QUINTA PARTE

17. A IGREJA MEDIEVAL   168
SEXTA PARTE

Esboço dos capítulos 18-20   175

QUINTO PERÍODO GERAL

18. A IGREJA REFORMADA   177
PRIMEIRA PARTE

19. A IGREJA REFORMADA   184
SEGUNDA PARTE

20. A Igreja reformada ... 193
TERCEIRA PARTE

Esboço dos capítulos 21-22 ... 202

SEXTO PERÍODO GERAL

21. A Igreja moderna ... 204
PRIMEIRA PARTE

22. A Igreja moderna ... 212
SEGUNDA PARTE

Esboço dos capítulos 23-25 ... 229

23. Igrejas nos Estados Unidos ... 233
PRIMEIRA PARTE

24. Igrejas nos Estados Unidos ... 253
SEGUNDA PARTE

25. O evangelho na América Latina ... 267

Posfácio ... 282

Leituras complementares ... 303

Prefácio

Quando se trata de escrever um livro destinado a apresentar em número limitado de páginas a história de uma instituição que existe há vinte séculos; que se ramificou por todos os continentes da Terra; que contou em seu seio com grandes líderes e cujo poder exerceu influência em milhões de pessoas, então, o primeiro requisito é alcançar uma perspectiva correta, isto é, a capacidade de reconhecer quais foram os acontecimentos e os líderes mais importantes, a fim de que eles se destaquem na narrativa, tais quais montanhas nas planícies, e bem assim para omitir tanto o que se refere a fatos quanto a homens de importância secundária, sem considerar a aparente influência que eles exerceram na época. As controvérsias acerca de doutrinas de difícil interpretação que tumultuaram sucessivamente a Igreja, provocando profundos cismas, parecem ser hoje, em sua maioria, de pouca relevância.

Neste manual, são de interesse básico o espírito que encorajava a Igreja, suas tendências, as causas que conduziram a acontecimentos de importância histórica e, finalmente, a projeção e transcendência desses acontecimentos.

Dois grupos diferentes foram levados em conta na preparação deste volume, tendo-se em vista adaptá-lo aos desejos de ambos. Como livro-texto para estudantes, quer se lhes ensine individualmente, quer em classes, esta obra foi planejada cuidadosamente, de modo que as divisões e subdivisões se apresentem com detalhes no início de cada período geral; no fim de cada capítulo, há perguntas para revisão ou debate. Para especialistas ou interessados no assunto, apresentamos uma seleção de obras complementares ou clássicas sobre os temas tratados no fim do livro.

JESSE LYMAN HURLBUT

Esboço dos capítulos 1-5

I. OS SEIS PERÍODOS GERAIS DA HISTÓRIA DA IGREJA (Capítulo 1)

1. A Igreja apostólica
   Da ascensão de Cristo, 30, à morte de João, 100
2. A Igreja perseguida
   Da morte de João, 100, ao Edito de Constantino, 313
3. A Igreja imperial
   Do Edito de Constantino, 313, à queda de Roma, 476
4. A Igreja medieval
   Da queda de Roma, 476, à queda de Constantinopla, 1453
5. A Igreja reformada
   Da queda de Constantinopla, 1453, ao fim da Guerra dos Trinta Anos, 1648
6. A Igreja moderna
   Do fim da Guerra dos Trinta anos, 1648, ao século XX

PRIMEIRO PERÍODO GERAL — A IGREJA APOSTÓLICA

Da ascensão de Cristo, 30,
à morte de João, 100

II. A IGREJA DO PERÍODO PENTECOSTAL (Capítulo 2)

Da ascensão de Cristo, 30,
à pregação de Estêvão, 35

1. Definição de Igreja
2. O começo (Mt 16.20 e At 1.6-8)

3. Seu revestimento (At 1.15; 2.1-4)
   a. Iluminação
   b. Revigoramento
   c. Habitação interior
4. Localização
5. Seus membros
   a. Hebreus
   b. Judeus gregos, ou helenistas
   c. Prosélitos
6. Seus líderes
7. Seu governo
8. Suas doutrinas
   a. O caráter messiânico de Jesus
   b. A ressurreição de Jesus
   c. A volta de Jesus
9. Seu testemunho evangélico (At 2.4,11,17,18)
10. Seus milagres (At 3.1-8; 5.1-16; 6.8)
11. Seu espírito de fraternidade (At 2.44,45; 4.32-37)
    a. Espírito voluntário
    b. Pequena comunidade
    c. Pessoas escolhidas
    d. Esperavam a volta de Cristo
    e. Fracasso financeiro
    f. Produziu males de ordem moral
12. O único defeito da Igreja do período pentecostal

III. A Igreja em expansão (Capítulo 3)

Da pregação de Estêvão, 35,
ao Concílio de Jerusalém, c. 48

1. A pregação de Estêvão (At 6.1-4; 6.5; 6.11-14; 7.2-53; 7.57-60)
2. A perseguição realizada por Saulo (At 7.58; 22.3; 8.3; 26.9-11; 11.19-20; 8.4)
3. Filipe em Samaria (At 6.5; 8.5-13; 8.14-17; 8.40)
4. Pedro em Jope e Cesaréia (At 9.32-43; 10.9-16; 10.17-48)
5. A conversão de Saulo (At 9.1-22)
6. A igreja em Antioquia (At 11.19-29; 11.22,23; 9.26,27; 11.25,26; 26.28; 1Pc 4.16; At 11.27,30; 13.1)
7. A primeira viagem missionária (At 13 e 14)
   a. Equipe de trabalho (At 13.2,13)
   b. Um ajudante jovem (At 13.5,13)
   c. Cidades escolhidas
   d. Começo na sinagoga
   e. Visitando novamente as igrejas (At 14.23)
8. O Concílio de Jerusalém, c. 48 (At 15)

IV. A IGREJA ENTRE OS GENTIOS (Capítulo 4)

Do Concílio de Jerusalém, c. 48,
ao martírio de Paulo, 68

1. Autoridades (At 16 a 28; 1Pe 1.1)
2. Campo e membros
3. Líderes: Paulo, Pedro e Tiago (Gl 2.9; Mc 6.3; Gl 1.19; At 15.13-21)
4. Viagens missionárias de Paulo
   a. Segunda viagem — Visita à Europa (At 15.36 a 18.22)
   b. Terceira viagem — A igreja em Éfeso (At 18.23 a 21.17; 16.1-3; Fp 2.19-22; At 19.22; 20.4; 19.10; Ap 1.4,11; At 20.1,2; 20.6-12; 20.17-36)
   c. Quarta viagem — Paulo é preso (At 27 e 28; 25.9-12; 27.2; 27.3,5,8; 28.7-11; 28.16; 28.17-28; 28.30,31; Fp 1.12-14; Fm 22; 2Tm 4.20; Tt 1-5; 3-12)

5. Primeira perseguição imperial (Nero), 65-68
6. Literatura da época

V. A ERA SOMBRIA (Capítulo 5)

Do martírio de Paulo, 68,
à morte de João, 100

1. A queda de Jerusalém, 70 (Mt 24)
2. A segunda perseguição imperial, 90-96 (Ap 1.9)
3. Completa-se o Novo Testamento
4. A situação da Igreja
   a. Extensão e número
   b. Sistema doutrinal (At 20.29,30; Cl 2.18-23; 1Jo 2.18,19)
   c. Instituições
      (1) O batismo
      (2) O dia do Senhor (1Co 16.2; At 20.7; Ap 1.10)
      (3) A ceia do Senhor (At 2.46; 1Co 11.20-30)
      (4) O domingo da ressurreição
   d. Seus oficiais
      (1) Apóstolos
      (2) Anciãos ou bispos (At 20.17,28; Fp 1.1; Tt 1.5,7)
      (3) Diáconos (Fp 1.1; 1Tm 3.8-13; Rm 16.1; 1Tm 3.10,11)
   e. A adoração
   f. Estado espiritual

1

Os seis períodos gerais da história da Igreja

Antes de iniciarmos o estudo minucioso dos vinte séculos em que a Igreja cristã tem estado em atividade, situemo-nos mentalmente sobre o monte da visão e contemplemos toda a paisagem, todo o campo que, passo a passo, teremos de percorrer.

De nosso ponto de observação, do século XXI, lançando o olhar para o passado, veremos elevarem-se aqui e ali, sobre as planícies do tempo, quais sucessivos montes, os grandes acontecimentos da história da Igreja, os quais servem como pontos divisórios, e cada um deles assinala o término de uma época e o início de outra. Considerando cada um desses pontos decisivos, seis ao todo, veremos que eles indicam os seis grandes períodos da história da Igreja. No primeiro capítulo, faremos um exame geral desses períodos.

Período I. A Igreja apostólica
Da ascensão de Cristo, 30, à morte de João, 100

O topo culminante que assinala o ponto de partida da Igreja é o monte das Oliveiras, não muito distante do muro oriental de Jerusalém. Ali, por volta do ano 30 d.C., Jesus Cristo, que havia ressurgido dentre os mortos, ministrou seus últimos ensinamentos aos discípulos e logo depois ascendeu ao céu, ao trono celestial.

Um pequeno grupo de judeus crentes no seu Senhor, elevado como Messias-Rei de Israel, esperou algum tempo em Jerusalém, sem considerar, inicialmente, a existência de uma igreja fora dos limites do judaísmo. Contudo, alargaram gradualmente seus conceitos e ministério, até que sua visão alcançou o mundo inteiro, para ser levado aos pés de Cristo. Sob a liderança de Pedro, Paulo e seus sucessores imediatos, a Igreja foi estabelecida no espaço de tempo de duas gerações, em quase todos os países, desde o Eufrates até o Tibre, desde o mar Negro até o Nilo. O primeiro período terminou com a morte de João, o último dos doze apóstolos, que ocorreu, conforme se crê, por volta do ano 100. Consideremos, pois, esse período como "a era apostólica".

Período II. A Igreja perseguida
Da morte de João, 100, ao Edito de Constantino, 313

Durante o período que se seguiu à era apostólica, e que durou mais de duzentos anos, a Igreja esteve sob a espada da perseguição. No decorrer dos séculos II e III e parte do século IV, o império mais poderoso da Terra exerceu todo o seu poder e influência para destruir aquilo a que chamavam "superstição cristã". Durante sete gerações, um nobre exército de centenas de milhares de mártires conquistou a coroa sob os rigores da espada, das feras na arena e nas ardentes fogueiras. Contudo, em meio à incessante perseguição, os seguidores de Cristo aumentaram em número até alcançar uma parte considerável do Império Romano. Finalmente, um imperador cristão subiu ao trono e por meio de um decreto conteve a onda de mortes.

Período III. A Igreja imperial

Do Edito de Constantino, 313, à queda de Roma, 476

Evidentemente, os cristãos que durante tanto tempo estiveram oprimidos, de forma rápida e inesperada, por assim dizer, passaram da prisão para o trono. A Igreja perseguida passou a ser a Igreja imperial. A cruz tomou o lugar da águia como símbolo da bandeira da nação, e o cristianismo converteu-se em religião do Império Romano. Uma capital cristã, Constantinopla, ergueu-se e ocupou o lugar de Roma. Contudo, Roma, ao aceitar o cristianismo, começou a ganhar prestígio como capital da Igreja. O Império Romano do Ocidente foi derrotado pelas hordas de bárbaros; estes, porém, foram conquistados pela Igreja e fundaram na Europa nações cristãs em lugar de nações pagãs.

Período IV. A Igreja medieval

Da queda de Roma, 476, à queda de Constantinopla, 1453

Com a queda do Império Romano do Ocidente, iniciou-se o período de mil anos conhecido como Idade Média. No início, a Europa era um caos, um continente de tribos sem governo e sem leis de nenhum poder central. Mas, gradativamente, foram-se organizando em reinos. Naquela época, o bispo de Roma, como papa, esforçava-se não só para dominar a Igreja, mas também para dominar o mundo. A religião e o império de Maomé conquistavam todos os países do cristianismo primevo. Encontramos, então, o Sacro Império Romano estabelecido e seus imperadores guerreando com os papas. Observamos, também, o movimento romântico das cruzadas no vão esforço para conquistar a terra santa que estava em poder dos muçulmanos. A Europa despertava com a promessa de uma próxima reforma, na nova era. Assim como a história antiga termina com a queda de Roma, a história medieval termina com a queda de Constantinopla.

Período V. A Igreja reformada

Da queda de Constantinopla, 1453, ao fim da Guerra dos Trinta Anos, 1648

Depois do século XV, a Europa despertou; o século XVI trouxe a Reforma da Igreja. Encontramos Martinho Lutero afixando suas teses na porta da catedral de Wittenberg. Para defender-se, compareceu ante o imperador e os nobres da Alemanha e quebrou os grilhões da consciência dos homens. Nessa época, vemos a igreja de Roma dividida. Os povos da Europa setentrional fundaram suas próprias igrejas nacionais, de caráter mais puro. Encontramos também em atividade a Contra-Reforma. Iniciada na Europa, mesmo antes da Reforma protestante, a Reforma católica, denominada pelos protestantes de Contra-Reforma, teve dois objetivos centrais: num primeiro momento, e de maior amplitude, foi produzir um reavivamento da fé entre os crentes católicos e, mais tarde, diante da expansão protestante, uma reavaliação dos princípios católicos. Finalmente, após os horrores de uma guerra civil, que durou trinta anos, na Alemanha, fez-se um tratado de paz em Westfália, em 1648, traçando-se então linhas permanentes entre as nações católicas romanas e as nações protestantes.

Período VI. A Igreja moderna

Do fim da Guerra dos Trinta Anos, 1648, ao século XX

Estudaremos, adiante, ainda que rapidamente, os grandes movimentos que abalaram as igrejas e o povo nos últimos quatro séculos, na Inglaterra, na Europa e na América do Norte. Mencionaremos os movimentos puritano, wesleyano, racionalista, anglo-católico e os movimentos missionários atuais, que contribuíram para a edificação da Igreja de nossos dias e que edificaram, não obstante suas variadas formas e nomes, a Igreja em todo o mundo.

Notaremos a grande mudança que gradualmente transformou o cristianismo nos séculos XIX e XX numa poderosa organização não só para glória de Deus como também para servir aos homens por meio de reformas, de elevação social, enfim, de uma série de esforços ativos para melhorar as condições da humanidade.

Perguntas para revisão

- Em quantos períodos se divide a história da Igreja?
- Que nome se dá a cada um dos períodos?
- Com que acontecimento e em que ano começa e termina o primeiro período?
- Com que aspectos é apresentado o cristianismo no primeiro período?
- Quais os nomes dos acontecimentos e as datas que marcam o princípio e o fim do segundo período?
- Mencione alguns dos fatos mais importantes do terceiro período. Quais os grandes acontecimentos que se destacam no quarto período?
- Mencione fatos e datas que limitam o quinto período. Quais os fatos que se podem mencionar no quinto período?
- Quais os acontecimentos que se destacam no sexto período? Mencione alguns movimentos relevantes.

Primeiro período geral

2

A Igreja apostólica — primeira parte
A Igreja do período pentecostal

Da ascensão de Cristo, 30,
à pregação de Estêvão, 35

1. Definição de Igreja

A Igreja em todas as épocas, passada, presente e futura, é formada por todos aqueles que crêem em Jesus de Nazaré, o Filho de Deus. No ato de crer, está implícita a aceitação de Cristo como seu Salvador pessoal, para obedecer-lhe como o Cristo, o Príncipe do Reino de Deus sobre a Terra.

2. O começo (Mt 16.20 e At 1.6-8)

A Igreja iniciou sua história com um movimento de caráter mundial, no dia de Pentecoste, no fim da primavera do ano 30, cinqüenta dias após a ressurreição do Senhor Jesus e dez dias depois de sua ascensão ao céu.

Durante o tempo em que Jesus exerceu seu ministério, os discípulos criam que ele era o almejado Messias de Israel, o Cristo. Messias e Cristo são palavras idênticas. Messias é palavra hebraica, e Cristo é palavra grega. Ambas significam "O Ungido", o "Príncipe do Reino Celestial". Apesar de Jesus haver aceitado esse título de seus seguidores mais íntimos, proibiu-lhes, contudo, de proclamarem essa verdade entre o povo antes que ele ressuscitasse dentre os mortos; e, nos quarenta dias que precederam sua ascensão, lhes ordenou que, antes de pregarem o evangelho, deveriam esperar o batismo do Espírito Santo, para então serem testemunhas em todo o mundo.

3. Seu revestimento (At 1.15; 2.1-4)

Na manhã do dia de Pentecoste, enquanto os seguidores de Jesus, 120 ao todo, estavam reunidos em oração, o Espírito Santo veio sobre eles de forma maravilhosa. Tão real foi a manifestação que foram vistas descer do alto como que línguas de fogo, as quais pousaram sobre a cabeça de cada um. O efeito desse acontecimento foi tríplice:

a) Iluminou a mente dos discípulos, dando-lhes um novo conceito do Reino de Deus.

b) Compreenderam que esse reino não era um império político, mas um reino espiritual, na pessoa de Jesus ressuscitado, que governava de modo invisível todos aqueles que o aceitavam pela fé.

c) Aquela manifestação revigorou todos, repartindo com eles o fervor do Espírito e o poder de expressão que fazia de cada testemunho um motivo de convicção naqueles que o ouviam.

O Espírito Santo, desde então, passou a habitar permanentemente a Igreja, não em sua organização ou mecanismo, mas como possessão individual e pessoal do verdadeiro cristão (1Co 3.16; 12.13; Ef 2.21,22). Desde o derramamento do Espírito Santo naquele dia, a comunidade daqueles primeiros anos foi chamada com muita propriedade "Igreja pentecostal".

4. Localização

A Igreja teve seu início na cidade de Jerusalém. Evidentemente, nos primeiros anos de sua história, as atividades da Igreja limitaram-se àquela cidade e arredores. Em todo o país, especialmente na província setentrional da Galiléia, havia grupos de pessoas que criam em Jesus como o Rei-Messias; no entanto, não chegaram até nós dados ou informações de nenhuma natureza que indiquem a organização nem o reconhecimento de tais grupos como igreja. As sedes gerais da Igreja daquela época eram o Cenáculo, no monte Sião, e o Pórtico de Salomão, no templo.

5. Seus membros

Todos os membros da Igreja pentecostal eram judeus. Tanto quanto podemos perceber, nenhum dos seus membros, bem como nenhum dos integrantes da companhia apostólica, a princípio, podia crer que os gentios fossem admitidos como membros da Igreja. Quando muito, admitiam que o mundo gentio se tornaria judeu, para depois aceitar Cristo.

Os judeus da época dividiam-se em três classes, e as três estavam representadas na igreja de Jerusalém.

Os hebreus (At 6.1; 21.40) eram aqueles cujos antepassados haviam habitado a Palestina durante várias gerações; eram eles a verdadeira raça israelita. Seu idioma era o hebraico, o qual, no decorrer dos séculos, havia mudado do hebraico clássico do Antigo Testamento para o dialeto aramaico ou siro-caldaico. As Escrituras eram lidas nas sinagogas em hebraico antigo, mas traduzidas por um intérprete, frase por frase, em linguagem popular.

Os judeus gregos ou helenistas (At 2.9-11; 6.9) eram descendentes dos judeus da dispersão, ou diáspora, isto é, judeus cujo lar ou cujos antepassados estavam em terras estrangeiras. Muitos desses judeus se estabeleceram em Jerusalém ou na Judéia e organizaram sinagogas para atender a suas várias nacionalidades. Depois da conquista do Oriente por Alexandre, o Grande, o grego chegou a ser o idioma predominante em todos os países a leste do mar Adriático e até mesmo em Roma e por toda a Itália. Por essa razão, os judeus de ascendência estrangeira eram chamados "gregos" ou "helenistas", apesar de a palavra "heleno" referir-se a grego. Os judeus helenistas, como povo fora da Palestina, eram o ramo da raça judaica mais numeroso, mais rico, mais culto e mais liberal.

Os prosélitos (At 6.5) eram pessoas não descendentes de judeus, as quais renunciavam ao paganismo, aceitavam a lei judaica e passavam a pertencer ao judaísmo, submetendo-se os homens ao rito da circuncisão. Apesar de serem minoria entre os judeus, os prosélitos eram encontrados em muitas sinagogas em todas as cidades do Império Romano e gozavam de todos os privilégios do povo judeu. Os prosélitos não devem ser confundidos com "os devotos" ou "tementes a Deus"; estes eram gentios que deixavam de adorar ídolos e freqüentavam as sinagogas, mas não eram circuncidados nem se propunham a observar as minuciosas exigências das leis judaicas. Por essa razão, não eram considerados judeus, apesar de se mostrarem amigos deles.

6. Seus líderes

A leitura dos primeiros seis capítulos do livro de Atos dá a entender que durante esse período o apóstolo Pedro era o líder da Igreja. Em todas as ocasiões, era Pedro quem tomava a iniciativa de pregar, de operar milagres e de defender a igreja nascente. Isso não significa que Pedro fosse papa ou dirigente oficial nomeado por Deus. Tudo acontecia como resultado da prontidão de Pedro em decidir, de sua facilidade de expressão e de seu espírito de liderança. Contudo, ao lado de Pedro, o homem prático, encontramos João, o homem contemplativo e espiritual, que raramente falava, mas que desfrutava de grande estima por parte dos crentes.

7. Seu governo

Numa igreja comparativamente pequena em número, todos da mesma raça, todos obedientes à vontade do Senhor, todos na comunhão do Espírito de Deus, pouco governo humano era necessário. Esse governo era administrado pelos Doze, os quais atuavam como um só corpo, sendo Pedro apenas o porta-voz. Uma frase que se lê em Atos 5.13 indica o alto conceito em que eram tidos os apóstolos, tanto pelos crentes como pelo povo.

8. Suas doutrinas

No início, a teologia ou crenças da Igreja eram simples. A doutrina sistemática foi desenvolvida mais tarde por meio de Paulo. Entretanto, podemos encontrar nos sermões de Pedro três pontos doutrinários considerados essenciais. O primeiro ponto, o maior, era o caráter messiânico de Jesus, isto é, que Jesus de Nazaré era o Messias, o Cristo durante tanto tempo esperado por Israel, que agora reinava no reino invisível do céu e ao qual todos os membros da Igreja deveriam demonstrar lealdade pessoal, reverência e obediência. Outra doutrina essencial era a ressurreição de Jesus. Em outras palavras, que Jesus fora crucificado, ressuscitado dentre os mortos e agora estava vivo, como cabeça da Igreja, para nunca mais morrer. A terceira das doutrinas cardinais, contidas nos discursos de Pedro, era a segunda vinda de Jesus (Mt 24.36; 1Ts 4.15-17). Isto é, o mesmo Jesus que foi elevado ao céu no tempo determinado voltaria à terra, para reinar com sua Igreja. Apesar de Jesus haver declarado aos discípulos que nenhum homem, nem anjo algum, nem o próprio Filho, sabia quando se daria a sua segunda vinda, era geral a expectação de que esta poderia ocorrer em pouco tempo, até mesmo naquela geração.

9. Seu testemunho evangélico (At 2.4,11,17,18)

A arma usada pela Igreja, por meio da qual haveria de levar o mundo aos pés de Cristo, era o testemunho de seus membros. Uma vez que temos registrados vários discursos ou pregações de Pedro nesse período, e de nenhum dos outros discípulos, podemos ser levados a pensar que Pedro era o único pregador. Contudo, o texto bíblico demonstra que todos os apóstolos e toda a Igreja davam testemunho do evangelho. Quando a Igreja possuía 120 membros, o Espírito desceu sobre eles, e todos se transformaram em pregadores da Palavra. Enquanto o número de membros aumentava, aumentavam as testemunhas, pois cada membro era um mensageiro de Cristo, sem que houvesse distinção entre clérigos e leigos. No fim desse período, encontramos Estêvão elevando-se a tal eminência como pregador que os próprios apóstolos ficam ofuscados. Esse testemunho universal foi uma influência poderosa no crescimento rápido da Igreja.

10. Seus milagres (At 3.1-8; 5.1-16; 6.8)

Inicialmente, o grandioso esforço desse punhado de homens de visão necessitava de auxílio sobrenatural, uma vez que se propunha, sem armas materiais nem prestígio social, transformar uma nação, tendo de enfrentar também os poderes da instituição religiosa nacional e do Estado. Esse auxílio sobrenatural manifestou-se na forma de operação de maravilhas. Os milagres apostólicos foram considerados como "os sinos que chamam o povo à adoração". Lemos no livro de Atos sobre a cura do coxo que estava esmolando diante da porta chamada Formosa. O milagre de cura operado na vida desse homem atraiu a multidão para ouvir a pregação de Pedro e aceitar Cristo. Logo depois, está descrita a morte de Ananias e Safira, ao serem repreendidos por Pedro por causa do egoísmo e da falsidade. Esse juízo da parte de Deus foi uma advertência a quantos tiveram conhecimento dos fatos. A esses milagres, seguiram-se outros que incluíam cura de enfermidades. Contudo, esse poder não estava limitado a Pedro nem aos apóstolos. Está escrito que prodígios e milagres eram realizados por Estêvão. Essas obras poderosas atraíam a atenção do povo, motivavam investigação e abriam o coração das multidões para receberam a fé em Cristo.

11. Seu espírito de fraternidade (At 2.44,45; 4.32-37)

Comunhão de bens entre os primeiros cristãos

- Espírito voluntário
- Pequena comunidade
- Pessoas escolhidas
- Esperavam a volta de Cristo
- Fracasso financeiro (At 11.29; Rm 15.25,26)
- Produziu males de ordem moral

O amor de Cristo ardia no coração daqueles homens e os constrangia a mostrar esse amor para com seus condiscípulos, a viver em unidade de espírito, em alegria e comunhão, e, especialmente, a demonstrar interesse e abnegação pelos membros da igreja local que necessitavam de socorros materiais. Lemos no livro de Atos que os mais ricos davam suas propriedades, de forma tão liberal que leva a sugerir o socialismo radical na comunhão de bens.

No entanto, é bom notar que, quanto a esse aspecto da Igreja pentecostal, tudo era feito voluntariamente; ninguém era compelido pela lei ou pela exigência dos pobres a tomar as propriedades dos ricos. Os ricos doavam voluntariamente. Deve-se considerar ainda que foi uma experiência numa pequena comunidade onde todos estavam juntos; todos estavam cheios do Espírito Santo, aspirando a pôr em prática os princípios do Sermão do Monte. A experiência surgiu com a expectativa da iminente volta de Jesus, quando então os bens terrenos não mais seriam necessários; como experiência financeira, foi um fracasso e logo abandonada, pois a igreja em Jerusalém ficou tão pobre que durante uma geração se recolhiam ofertas nas outras igrejas para ajudá-la; o sistema provocou seus próprios males morais, pois despertou o egoísmo de Ananias e Safira. Na verdade, enquanto estamos neste mundo, somos influenciados pelo interesse próprio e pela necessidade. O espírito dessa dádiva liberal é digno de elogios, mas o plano, ao que tudo indica, não foi muito acertado.

12. O único defeito da Igreja do período pentecostal

De modo geral, a igreja dos primeiros dias não tinha faltas. Era poderosa na fé e no testemunho, pura em seu caráter e abundante no amor. Entretanto, o seu defeito era a falta de zelo missionário. Permaneceu em seu território, quando deveria ter saído para outras terras e outros povos. Foi necessário o surgimento de severa perseguição para que se decidisse ir a outras nações e desempenhar, desse modo, sua missão mundial. Foi o que aconteceu mais tarde.

Perguntas para revisão

- Quais os acontecimentos e as datas que assinalaram o primeiro período geral?
- Qual o nome dado à Igreja durante a primeira parte desse período?
- Defina a Igreja cristã. Quando a Igreja iniciou sua história?
- Até que época os discípulos foram proibidos de anunciar Cristo como o Rei-Messias?
- O que desceu sobre os seguidores de Cristo e como se manifestou?
- Quais foram os efeitos desse revestimento?
- Onde estava situada a Igreja durante seus primeiros anos?
- A que raças e povos pertenciam todos os seus membros?
- Mencione três classes de pessoas que havia entre os membros da Igreja.
- Quais foram os primeiros líderes da Igreja?
- Como era a liderança da Igreja?
- Quais eram as três principais doutrinas?
- Quais eram os seus pregadores?
- Quais os milagres descritos?
- Quais foram os efeitos desses milagres?
- Como se manifestava o espírito de fraternidade?
- Que se declara acerca da comunhão de bens na igreja primitiva?
- Qual era a falta ou o defeito da Igreja do período pentecostal?

3

A Igreja apostólica — segunda parte
A Igreja em expansão

Da pregação de Estêvão, 35,
ao Concílio de Jerusalém, c. 48

A IMPORTÂNCIA DA ÉPOCA

Entramos agora numa época da história da Igreja que, apesar de curta — com apenas quinze anos —, é de grande importância. Nessa época, decidiu-se a importantíssima questão: se o cristianismo deveria continuar como uma obscura seita judaica, ou se deveria transformar-se em igreja cujas portas permanecessem para sempre abertas a todo o mundo. Quando se iniciou este período, a proclamação do evangelho estava limitada à cidade de Jerusalém e às aldeias próximas; os membros da igreja eram todos israelitas por nascimento ou por adoção. Quando terminou, a Igreja já se havia estabelecido na Síria, na Ásia Menor e alcançará a Europa. Além disso, os cristãos, agora, não eram exclusivamente de nacionalidade judaica, mas predominavam os gentios. O idioma usado em assembléias na Palestina era o hebraico ou o aramaico; contudo, em outras regiões bem mais povoadas, a língua usada era o grego. Estudemos as épocas sucessivas desse movimento em expansão.

ESTÁGIOS DA EXPANSÃO

1. A pregação de Estêvão (At 6.1-4; 6.5; 6.11-14; 7.2-53; 7.57-60)

Na igreja de Jerusalém, surgiu uma queixa contra o critério adotado na distribuição de auxílios aos pobres, pois as famílias dos judeus gregos ou helenistas eram prejudicadas. Os apóstolos convocaram a igreja e propuseram a escolha de uma comissão de sete homens para cuidarem desse serviço. Esse plano foi adotado, e os sete foram escolhidos, figurando em primeiro lugar o nome de Estêvão, "homem cheio de fé e do Espírito Santo". Apesar de haver sido escolhido para um trabalho secular, rapidamente atraiu a atenção de todos como pregador. Da acusação levantada contra ele, quando foi preso pelas autoridades judaicas, e da sua mensagem de defesa, é evidente que Estêvão proclamou Jesus Cristo como Salvador não somente para os judeus, mas também para os gentios. Parece que Estêvão foi o primeiro membro da Igreja a ter a visão do evangelho para o mundo inteiro, e esse ideal levou-o a tornar-se o primeiro mártir cristão.

2. A perseguição realizada por Saulo (At 7.58; 22.3; 8.3; 26.9-11; 11.19,20; 8.4)

Entre aqueles que ouviram a defesa de Estêvão, e que se encolerizaram com suas palavras sinceras, mas incompatíveis com a mentalidade judaica daqueles dias, estava um jovem de Tarso, cidade da costa da Ásia Menor, chamado Saulo. Esse jovem havia sido educado sob a orientação do famoso mestre Gamaliel, sendo, além disso, conhecido e respeitado intérprete da lei judaica. Saulo participou do apedrejamento de Estêvão e, logo a seguir, fez-se chefe de terrível e obstinada perseguição contra os discípulos de Cristo, prendendo e açoitando homens e mulheres. A igreja em

Jerusalém dissolveu-se nessa ocasião, e seus membros dispersaram-se por vários lugares. Entretanto, onde quer que chegassem, a Samaria ou a Damasco, ou mesmo à longínqua Antioquia da Síria, eles se constituíam em pregadores do evangelho e organizavam igrejas. Dessa forma, o ódio feroz de Saulo era um fator favorável à propagação do evangelho e da igreja.

3. Filipe em Samaria (At 6.5; 8.5-13; 8.14-17; 8.40)

Na lista dos sete nomes escolhidos para administrarem a distribuição das doações aos pobres, além de Estêvão, encontramos também Filipe, um dos doze apóstolos. Depois da morte de Estêvão, Filipe refugiou-se entre os samaritanos, um povo miscigenado, que não era judeu nem gentio, e por isso mesmo desprezado pelos judeus. O fato significativo de Filipe começar a pregar o evangelho aos samaritanos demonstra que ele se havia libertado do preconceito dos judeus. Filipe estabeleceu uma igreja em Samaria, a qual foi reconhecida pelos apóstolos Pedro e João. Foi essa a primeira igreja estabelecida fora dos círculos judaicos; contudo, não era exatamente uma igreja composta de membros genuinamente gentios. Mais tarde, encontramos Filipe pregando e organizando igrejas nas cidades costeiras de Gaza, Jope e Cesaréia. Embora fossem consideradas cidades gentias, todas possuíam densa população judaica. Nessas cidades, forçosamente, o evangelho teria de entrar em contato com o mundo pagão.

4. Pedro em Jope e Cesaréia (At 9.32-43; 10.9-16; 10.17-48)

Numa de suas viagens relacionadas com a inspeção da Igreja, Pedro chegou a Jope, cidade situada no litoral. Ali, Tabita, ou Dorcas, foi ressuscitada. Nessa cidade, Pedro permaneceu algum tempo em companhia de outro Simão, o curtidor. O fato de Pedro, sendo judeu, permanecer em companhia de um curtidor significa que ele se libertara das restritas regras dos costumes judeus, pois todos os que tinham o ofício de curtidor eram considerados "imundos" pela lei cerimonial. Foi em Jope que Pedro teve a visão do que parecia ser um grande lençol que descia, no qual havia todo tipo de animais, e foi-lhe dirigida uma voz que dizia: "Não chame impuro ao que Deus purificou". Nessa ocasião, chegaram a Jope mensageiros vindos de Cesaréia, que fica a cerca de 48 quilômetros ao norte, e pediram a Pedro que fosse instruir Cornélio, um oficial romano temente a Deus.

Pedro foi a Cesaréia sob a direção do Espírito, pregou o evangelho a Cornélio e aos que estavam em sua casa e os recebeu na Igreja mediante o batismo. O Espírito de Deus, derramado como no dia de Pentecoste, testificou sua aprovação divina. Dessa forma, foi divinamente sancionada a pregação do evangelho aos gentios e sua aceitação na Igreja.

5. A conversão de Saulo (At 9.1-22)

Nessa época, possivelmente um pouco antes de Pedro haver visitado Cesaréia, Saulo, o perseguidor, foi surpreendido no caminho de Damasco por uma visão de Jesus ressuscitado. Saulo, que fora o mais temido perseguidor do evangelho, converteu-se em seu mais ardoroso defensor. Sua oposição fora dirigida especialmente contra a doutrina que eliminava a barreira entre judeus e gentios. Entretanto, quando se converteu, Saulo adotou imediatamente os mesmos conceitos de Estêvão e tornou-se ainda maior que este na ação de fazer prosperar o movimento de uma igreja universal, cujas portas estivessem abertas a todos os homens, quer fossem judeus, quer fossem gentios. Em toda a história do cristianismo, nenhuma conversão a Cristo trouxe resultados tão importantes e fecundos para o mundo inteiro como a conversão de Saulo, o perseguidor, e, mais tarde, o apóstolo Paulo.

6. A igreja em Antioquia (At 11.19-29; 11.22,23; 9.26,27; 11.25,26; 26.28; 1Pe 4.16; At 11.27,30; 13.1)

Na perseguição iniciada com a morte de Estêvão, como já foi dito, a igreja em Jerusalém dispersou-se por toda parte. Alguns de seus membros fugiram para Damasco; outros foram para Antioquia da Síria, distante cerca de 480 quilômetros. Em Antioquia, os fugitivos freqüentavam as sinagogas judaicas e davam seu testemunho de Jesus como o Messias. Em todas as sinagogas havia um local separado para os adoradores gentios; muitos deles ouviram o evangelho em Antioquia e aceitaram a fé em Cristo. Dessa forma, floresceu uma igreja em Antioquia, na qual judeus e gentios adoravam juntamente e desfrutavam o mesmo privilégio. Quando as notícias desses fatos chegaram a Jerusalém, a igreja ficou alarmada e enviou um representante para examinar as relações dos judeus com os gentios.

Felizmente, e para o bem de todos, a escolha do representante recaiu sobre Barnabé, homem de idéias liberais, coração aberto e generoso. Barnabé foi a Antioquia, observou as condições e, em lugar de condenar a igreja local por sua liberalidade, alegrou-se com essa circunstância, endossou a atitude dos crentes dali e permaneceu em Antioquia a fim de participar daquele movimento. Anteriormente, Barnabé havia manifestado sua confiança em Saulo. Desta vez, Barnabé viajou para Tarso, a cerca de 160 quilômetros de distância, trouxe Paulo com ele para Antioquia e o fez seu companheiro na obra da evangelização. A igreja em Antioquia, com esses reforços, elevou-se a tal proeminência que ali, pela primeira vez, os seguidores de Cristo foram chamados "cristãos", nome dado não pelos judeus mas pelos gregos, e somente três vezes mencionado no Novo Testamento. Os discípulos de Antioquia enviaram auxílio aos crentes pobres da Judéia, no tempo da fome, e seus líderes foram figuras de destaque da igreja primitiva.

7. A primeira viagem missionária (At 13 e 14)

A primeira viagem missionária

- Equipe de trabalho (At 13.2,13)
- Um ajudante jovem (At 13.5,13)
- Cidades escolhidas
- Começo na sinagoga
- Visitando novamente as igrejas (At 14.23)

Até então, os membros gentios da igreja eram somente aqueles que espontaneamente a procuravam. Daí em diante, sob a direção do Espírito Santo e de acordo com os anciãos, os dois líderes de maior destaque na igreja de Antioquia foram enviados em missão evangelizadora a outras terras, pregando tanto para judeus como para gentios. Na história da primeira viagem missionária, notamos certas características que se tornaram típicas em todas as viagens posteriores de Paulo. Essa viagem foi realizada por dois missionários. Inicialmente menciona-se "Barnabé e Saulo", depois "Paulo e Barnabé", e finalmente Paulo e seus companheiros, apontando Paulo como líder espiritual. Em relação à mudança do nome de Saulo, pode-se explicar da seguinte forma: era comum naqueles dias um judeu usar dois nomes; um entre os israelitas e outro entre os gentios.

Os dois missionários levaram como auxiliar um homem mais jovem chamado João Marcos, o qual os abandonou em meio à viagem. Eles escolheram como principal campo de trabalho as grandes cidades, visitando Salamina e Pafos, na ilha de Chipre; Antioquia e Icônio, na Pisídia; Listra e Derbe, na Licaônia.

Sempre que lhes era possível, iniciavam o trabalho de evangelização pregando nas sinagogas, pois nelas todos os judeus tinham o direito de falar; tratando-se de um mestre reputado como era Paulo, que havia cursado a famosa escola de Gamaliel, era sempre bem recebido.

Além disso, por meio das sinagogas, não só anunciavam o evangelho aos judeus, mas também aos gentios tementes ao Deus de Israel. Em Derbe, a última cidade visitada, estavam bem próximos de Antioquia, onde haviam iniciado a viagem. Em lugar de passarem pelas portas da Cilícia e regressarem a Antioquia, tomaram a direção oeste e voltaram pelo caminho que haviam percorrido, visitando novamente as igrejas que organizaram em sua primeira viagem e nomeando anciãos, de acordo com o costume usado nas sinagogas. Em todas as viagens que o apóstolo Paulo fez mais tarde, o mesmo método de trabalho foi posto em prática.

8. O Concílio de Jerusalém, c. 48 (At 15)

Em todas as sociedades ou comunidades organizadas, há sempre duas classes de pessoas: os conservadores, olhando para o passado, e os progressistas, olhando para o futuro. Assim aconteceu naqueles dias. Os elementos ultrajudeus da Igreja sustentavam que não podia haver salvação fora de Israel. Por essa razão, diziam, todos os discípulos gentios deveriam ser circuncidados e observar a lei judaica.

Entretanto, os mestres progressistas, encabeçados por Paulo e Barnabé, declaravam que o evangelho era para os judeus e para os gentios, sobre a mesma base da fé em Cristo, sem levar em conta as leis judaicas. Surgiu, então, entre esses dois grupos uma controvérsia que ameaçou dividir a Igreja. Finalmente, realizou-se um concílio em Jerusalém para resolver o problema das condições dos membros gentios e estabelecer regras para a Igreja no futuro. Convém registrar que nesse concílio estiveram representados não somente os apóstolos, mas também os anciãos e toda a Igreja. Paulo e Barnabé, Pedro e Tiago, irmão do Senhor, participaram dos debates. Chegou-se, então, a esta conclusão: a lei alcançava somente os judeus, e não os gentios crentes em Cristo. Com essa resolução, completou-se o período de transição de uma Igreja cristã judaica para uma Igreja de todas as raças e nações. O evangelho podia, agora, avançar em sua constante expansão.

Sugestões para estudo

Leia atentamente os capítulos 6 a 15 do livro de Atos e procure todas as referências bíblicas mencionadas neste capítulo 3.

Verifique em mapas das primeiras viagens dos apóstolos os lugares por onde passaram: Filipe; Pedro, de Jope a Cesaréia; e Paulo, de Jerusalém a Damasco e Arábia.

Em mapas das viagens missionárias de Paulo, verifique as viagens de Paulo, de Damasco a Jerusalém, a Tarso e Antioquia. Observe a rota da primeira viagem missionária e a viagem de Paulo e Barnabé de Antioquia ao Concílio de Jerusalém, assim como o caminho de volta.

Perguntas para revisão

- Por que este período da Igreja é importante na história do cristianismo?
- Mencione as oito épocas principais.
- Quem iniciou o movimento destinado a levar o evangelho ao mundo gentio?
- Qual foi o resultado da pregação desse homem tanto para ele como para a Igreja?
- Como foi que Paulo contribuiu para o avanço do evangelho quando ainda era inimigo da Igreja?
- Quem foi Filipe?
- Que participação teve Filipe no movimento para divulgação do trabalho de evangelização?
- Quem eram os samaritanos?
- Qual a visão que teve Pedro?
- Que se seguiu à visão de Pedro?
- Faça um relato da conversão de Saulo.
- Mencione os lugares por onde Saulo viajou depois de se converter.
- Onde se estabeleceu uma igreja mista de gentios e judeus?
- Como surgiu essa igreja? Como foram recebidas em Jerusalém as notícias dessa igreja?
- Quem foi enviado para verificar o que estava acontecendo?
- Como se sentiu esse mensageiro e o que ele fez?
- A quem ele tomou como companheiro no trabalho dessa igreja?
- Qual o nome que deram aos seguidores de Cristo nessa cidade?
- Quais foram os primeiros missionários enviados pela igreja?

- Que métodos utilizaram?
- Quais os lugares que visitaram, por ordem cronológica?
- Qual foi o propósito da realização do Concílio de Jerusalém?
- Quais os membros da Igreja que tomaram parte nele?
- Quais foram as conclusões do concílio?

4

A IGREJA APOSTÓLICA — TERCEIRA PARTE
A Igreja entre os gentios

Do Concílio de Jerusalém, c. 48,
ao martírio de Paulo, 68

Por decisão do concílio realizado em Jerusalém, a Igreja ficou com liberdade para iniciar uma obra de maior vulto, destinada a levar todas as pessoas, de todas as raças e de todas as nações ao reino de Jesus Cristo. Supunha-se que os judeus, membros da igreja, continuassem observando a lei judaica, muito embora as regras fossem interpretadas de forma ampla por alguns líderes, como Paulo. Contudo, os gentios podiam pertencer à grei cristã mediante a fé em Cristo e uma vida justa, sem se submeterem às exigências da lei.

1. Autoridades (At 16 a 28; 1Pe 1.1)

Para tomarmos conhecimento do que ocorreu durante os vinte anos seguintes ao Concílio de Jerusalém, dependemos do livro de Atos, das epístolas paulinas e, talvez, do primeiro versículo da primeira epístola de Pedro, que possivelmente se refere a países talvez visitados por ele. A essas fontes de informações, podem-se acrescentar algumas tradições do período imediato à era apostólica, que parecem ser autênticas.

2. Campo e membros

O campo de atividades da Igreja alcançava todo o Império Romano, que incluía todas as províncias nas margens do mar Mediterrâneo e alguns países além de suas fronteiras, especialmente a leste. Nessa época, o número de membros de origem gentia continuava a crescer dentro da comunidade, enquanto o de judeus diminuía. À medida que o evangelho ganhava adeptos no mundo pagão, os judeus afastavam-se dele, e crescia cada vez mais o seu ódio contra o cristianismo. Em quase todos os lugares onde se manifestaram perseguições contra os cristãos, nesse período, elas eram instigadas pelos judeus.

3. Líderes: Paulo, Pedro e Tiago (Gl 2.9; Mc 6.3; Gl 1.19; At 15.13-21)

Durante aqueles anos, três líderes destacaram-se na Igreja. O mais conhecido foi Paulo, o viajante incansável, o evangelista indômito, o implantador de igrejas e o eminente teólogo. Depois de Paulo, aparece Pedro, cujo nome apenas consta dos registros, embora tenha sido reconhecido por Paulo como uma das "colunas". A tradição diz que Pedro esteve algum tempo em Roma, dirigiu a igreja nessa cidade e, por fim, morreu como mártir no ano 67. O terceiro dos grandes nomes dessa época foi Tiago, irmão mais moço do Senhor e líder da igreja de Jerusalém. Tiago era fiel conservador dos costumes judaicos. Era reconhecido como líder dos judeus cristãos; todavia, não se opunha a que o evangelho fosse pregado aos gentios. A epístola de Tiago foi escrita por ele. Tiago foi morto no templo, por volta do ano 62. Assim, todos os três líderes do período, dentre muitos outros menos proeminentes, perderam a vida como mártires da fé que abraçaram.

4. Viagens missionárias de Paulo

> ### Viagens missionárias de Paulo
>
> - Segunda viagem — Visita à Europa (At 15.36 a 18.22)
> - Terceira viagem — A igreja em Éfeso (At 18.23 a 21.17; 16.1-3; Fp 2.19-22; At 19.22; 20.4; 19.10; Ap 1.4,11; At 20.1,2; 20.6-12; 20.17-36)
> - Quarta viagem — Paulo é preso (At 27 e 28; 25.9-12; 27.2; 27.3,5,8; 28.7-11; 28.16; 28.17-28; 28.30,31; Fp 1.12-14; Fm 22; 2Tm 4.20; Tt 1.5; 3.12)

O registro desse período, conforme os 13 últimos capítulos de Atos, refere-se somente às atividades do apóstolo Paulo. Entretanto, nesse período outros missionários devem ter estado em atividade, pois logo após o fim dessa época são mencionados nomes de igrejas que Paulo jamais visitou.

A primeira viagem de Paulo através de algumas províncias da Ásia Menor já foi mencionada em capítulo anterior. Depois do Concílio de Jerusalém, Paulo empreendeu a segunda viagem missionária. Tendo por companheiro Silas ou Silvano, deixou Antioquia da Síria e visitou, pela terceira vez, as igrejas do continente, estabelecidas na primeira viagem. Foi até as costas do mar Egeu, a Trôade, local da antiga cidade de Tróia, e embarcou para a Europa, levando, assim, o evangelho a esse continente.

Paulo e Silas estabeleceram igrejas em Filipos, Tessalônica e Beréia, na província da Macedônia. Organizaram um pequeno núcleo na culta cidade de Atenas e estabeleceram forte congregação em Corinto, a metrópole comercial da Grécia. Da cidade de Corinto, Paulo escreveu duas cartas à igreja de Tessalônica, sendo essas as suas primeiras epístolas.

Navegou depois pelo mar Egeu, para uma breve visita a Éfeso, na Ásia Menor. A seguir, atravessou o Mediterrâneo e foi a Cesaréia; subiu a Jerusalém, a fim de saudar a igreja dessa cidade, e voltou ao ponto de partida em Antioquia da Síria. Em suas viagens, durante três anos, por terra e por mar, Paulo percorreu mais de 3 mil quilômetros, fundou igrejas em pelo menos sete cidades e abriu, pode-se dizer, o continente da Europa à pregação do evangelho.

Após um breve período de descanso, Paulo iniciou a terceira viagem missionária, ainda de Antioquia, cujo destino veio a ser Jerusalém, onde se tornou prisioneiro do governo romano. Inicialmente seu único companheiro fora Timóteo, o qual se havia juntado a ele na segunda viagem e permaneceu até o fim, como auxiliar fiel e "filho no evangelho". Contudo, alguns outros companheiros estiveram com o apóstolo, antes de findar essa viagem. A viagem iniciou-se com a visita às igrejas da Síria e da Cilícia, incluindo, sem dúvida, a cidade de Tarso, onde nasceu. Continuou a viagem pela antiga rota e visitou, pela quarta vez, as igrejas que organizara na sua primeira viagem.[1]

Entretanto, após haver cruzado a província da Frígia, em lugar de seguir rumo ao norte, para Trôade, foi para o sul, rumo a Éfeso,

---

[1] "Galácia", mencionada em Atos 18.23, não se refere, conforme indicam os mapas mais antigos, a uma região localizada no norte, de acordo com Ancira, Pessinus etc.; entende-se, porém, que se refere à Galácia do Sul, à qual pertenciam tanto Licaônia como Pisídia. A terceira viagem de Paulo obedeceu ao mesmo trajeto da primeira, e da segunda, pela Ásia Menor.

a metrópole da Ásia Menor. Na cidade de Éfeso, permaneceu por mais de dois anos, o período mais longo que Paulo passou num só lugar durante todas as suas viagens. Seu ministério teve êxito não apenas na igreja em Éfeso, mas também na propagação do evangelho em toda a província. As sete igrejas da Ásia foram implantadas direta ou indiretamente por Paulo.

De acordo com seu método de voltar a visitar as igrejas por ele organizadas, Paulo navegou de Éfeso para a Macedônia, visitou os discípulos em Filipos, Tessalônica, Beréia e aqueles que estavam na Grécia. Depois disso, sentiu que deveria voltar pelo mesmo trajeto, para fazer uma visita final àquelas igrejas. Navegou para Trôade e, dessa cidade, passou pela costa da Ásia Menor. De Mileto, o porto de Éfeso, mandou chamar os anciãos da igreja de Éfeso e despediu-se deles com emocionante exortação. Recomeçou a viagem para Cesaréia e subiu a montanha até Jerusalém. Nessa cidade, Paulo terminou a terceira viagem missionária, quando foi atacado pela multidão de judeus no templo, onde fora adorar. Os soldados romanos protegeram o apóstolo da ira do populacho e o recolheram à fortaleza de Marco Antônio.

A terceira viagem missionária de Paulo foi tão longa quanto a segunda, exceto os 480 quilômetros entre Jerusalém e Antioquia. Seus resultados mais evidentes foram a igreja de Éfeso e duas das suas mais importantes epístolas, uma à igreja em Roma, expondo os princípios do evangelho de acordo com a sua própria maneira de pregar, e outra aos gálatas, dirigida às igrejas que organizara na primeira viagem, nas quais mestres judaizantes haviam pervertido muitos discípulos.

Durante mais de cinco anos, após sua prisão, Paulo esteve prisioneiro; algum tempo em Jerusalém, três anos em Cesaréia e pelo menos dois anos em Roma. Podemos considerar a acidentada viagem de Cesaréia a Roma como a quarta viagem de Paulo, pois, mesmo preso, era ele um intrépido missionário que aproveitava todas as oportunidades para anunciar o evangelho de Cristo.

O motivo da viagem de Paulo foi a petição que ele fez. Na qualidade de cidadão romano, apelou para ser julgado pelo imperador, em Roma. Seus companheiros nessa viagem foram Lucas e Aristarco, os quais talvez tenham viajado como seus auxiliares. Havia a bordo do navio em que viajavam criminosos confessos que eram levados para Roma a fim de serem mortos nas lutas de gladiadores. Havia também soldados que guardavam os presos que viajavam no navio. Podemos estar certos de que toda essa gente que participou da longa e perigosa viagem ouviu o evangelho anunciado pelo apóstolo. Em Sidom, Mirra e Creta, onde o navio aportou, Paulo proclamou Cristo. Em Melita (Malta), onde estiveram durante três meses após o naufrágio, também se converteram muitas pessoas.

Finalmente Paulo chegou a Roma, a cidade que durante muitos anos foi o alvo de seu trabalho e esperança. Apesar de se tratar de um preso à espera de julgamento, foi permitido a Paulo viver em casa alugada, acorrentado a um soldado. O esforço principal de Paulo, ao chegar a Roma, foi evangelizar os judeus, tendo para esse fim convocado seus compatriotas para uma reunião que durou o dia inteiro. Verificando que apenas uns poucos estavam dispostos a aceitar o evangelho, voltou-se então para os gentios. Por espaço de dois anos, a casa em que Paulo morava em Roma funcionou como igreja, onde muitos encontraram Cristo, especialmente os soldados da guarda pretoriana. Contudo, seu maior trabalho realizado em Roma foi a composição de quatro epístolas, que se contam entre os melhores tesouros da Igreja. As epístolas foram as seguintes: Efésios, Filipenses, Colossenses e Filemom. Há motivos para crer que, após dois anos de prisão, Paulo foi absolvido e posto em liberdade.

Podemos, sem dúvida, considerar os três ou quatro anos de liberdade de Paulo como a continuação de sua quarta viagem missionária. Notamos alusões ou esperanças de Paulo de visitar Colossos ou Mileto. Se estava tão próximo de Éfeso, como estavam os dois mencionados lugares, parece certo que ele visitou esta última cidade. Também visitou a ilha de Creta, onde deixou Tito responsável pelas igrejas, e esteve em Nicópolis, no mar Adriático, ao norte da Grécia. A tradição declara que nesse lugar Paulo foi preso e enviado outra vez para Roma, onde foi martirizado no ano 68. A esse último período, podem pertencer estas três epístolas: Primeira a Timóteo, Tito e Segunda a Timóteo, das quais a última foi escrita na prisão, em Roma.

5. Primeira perseguição imperial (Nero), 65-68

No ano 64, uma grande parte de Roma foi destruída por um incêndio. Diz-se que foi Nero, o pior de todos os imperadores romanos, quem ateou fogo à cidade. Embora a acusação ainda seja discutível, a opinião pública responsabilizou Nero pelo crime. A fim de escapar da responsabilidade, Nero apontou os cristãos como culpados do incêndio de Roma e moveu contra eles terrível perseguição. Milhares de cristãos foram torturados e mortos, entre os quais o apóstolo Pedro, que foi crucificado no ano 67, e bem assim o apóstolo Paulo, que foi decapitado no ano 68. Essas datas são aproximadas, pois os apóstolos mencionados podem ter sido martirizados um ou dois anos antes. É uma das "vinganças" da História que naqueles jardins, onde multidões de cristãos foram queimados como "tochas vivas" enquanto o imperador passeava em sua carruagem, esteja hoje o Vaticano, residência do sumo pontífice católico romano, e a Basílica de São Pedro, o maior edifício da religião cristã.

6. Literatura da época

Na época do Concílio de Jerusalém, ou seja, por volta do ano 50, não havia ainda sido escrito nenhum dos livros do Novo Testamento. A Igreja, para conhecimento da vida e dos ensinos do Salvador, dispunha tão-somente das memórias dos primeiros discípulos. Entretanto, antes do final desse período, ano 68, grande parte dos livros do Novo Testamento já estava circulando, até mesmo os evangelhos de Mateus, Marcos e Lucas e as epístolas de Paulo, Tiago, 1Pedro e, talvez, 2Pedro, embora questões tenham sido levantadas quanto à autoria dessa última. Deve-se lembrar que é provável que a epístola aos Hebreus tenha sido escrita depois da morte de Paulo, não sendo, portanto, de sua autoria.

Sugestões para estudo

Para estudar a segunda viagem de Paulo, leia Atos 15.36—18.22.

Para estudar a terceira viagem, leia Atos 18.23—21.35.

Relacionado com a sua prisão, leia Atos 22—28.

Algumas perguntas sobre a vida de Paulo estão respondidas nos trechos bíblicos indicados.

Perguntas para revisão

- Qual é a terceira subdivisão do período da Igreja apostólica?
- Quais as datas e os acontecimentos com que se iniciou e terminou?
- Qual era o campo de ação da Igreja nessa época?
- Quais as raças que formavam a Igreja?
- Quais foram os três líderes do período?
- Mencione a primeira viagem de Paulo.

- Em que lugar iniciou Paulo a segunda viagem missionária? Quem foi o seu companheiro?
- Quem se uniu a eles mais tarde?
- Quais os lugares da primeira viagem que Paulo voltou a visitar?
- Quais os novos lugares que visitou na Ásia?
- Quais os novos lugares visitados na Europa?
- Quais os acontecimentos acentuados na vida do apóstolo em cada um desses lugares?
- Quais as cartas que foram escritas nessa viagem?
- Onde terminou sua viagem?
- Qual foi o resultado da segunda viagem?
- Que lugares visitou Paulo na terceira viagem?
- Onde demorou mais tempo?
- Descreva a rota de regresso da terceira viagem.
- Onde terminou Paulo a terceira viagem?
- Quais as epístolas escritas durante essa viagem?
- Em que circunstâncias ficou Paulo algum tempo depois?
- Qual era a situação de Paulo durante a quarta viagem?
- Quais os lugares que visitou?
- Que aconteceu em Roma?
- Quais as cartas que escreveu enquanto esteve preso?
- Que podemos dizer dos últimos anos da vida de Paulo?
- Qual o imperador que iniciou a primeira perseguição imperial aos cristãos?
- Qual a causa dessa perseguição?
- Quem foi martirizado nessa época?
- Qual era a literatura cristã do período?

5

A Igreja apostólica — quarta parte
A era sombria

Do martírio de Paulo, 68,
à morte de João, 100

À última geração do século I, a que vai do ano 68 a 100, chamamos de "Era Sombria", em razão de as trevas da perseguição estarem sobre a Igreja e também porque, de todos os períodos da História, é o que menos conhecemos. Para iluminar os acontecimentos desse período, já não temos a luz do livro de Atos. Infelizmente, nenhum historiador da época preencheu o vácuo existente. Gostaríamos de ler a descrição dos fatos posteriores relacionados com os auxiliares de Paulo, principalmente Tito, Timóteo e Apolo. Entretanto, estes e outros amigos de Paulo, após a morte do apóstolo, permanecem ausentes dos comentários e registros.

Após o desaparecimento de Paulo, durante um período de cerca de cinqüenta anos uma cortina pende sobre a Igreja. Apesar do esforço que fazemos para olhar através da cortina, nada se observa. Finalmente, por volta do ano 120, nos registros feitos pelos pais da Igreja, deparamos com uma Igreja em vários aspectos muito diferente da Igreja apostólica dos dias de Pedro e de Paulo.

1. A queda de Jerusalém, 70 (Mt 24)

A queda de Jerusalém no ano 70 d.C. impôs grande transformação nas relações existentes entre cristãos e judeus. De todas as províncias dominadas pelo governo de Roma, a única descontente e rebelde era a Judéia. Os judeus, de acordo com a interpretação que davam às profecias, consideravam-se destinados a conquistar e governar o mundo; baseados nessa esperança, somente forçados pelas armas e pelas ameaças é que se submetiam ao domínio dos imperadores romanos. Temos de admitir, também, que muitos procuradores e governadores romanos fracassaram inteiramente na interpretação dos sentimentos e caráter judaicos e, por essa razão, tratavam os judeus com aspereza e arrogância.

Por volta do ano 66, os judeus rebelaram-se, abertamente, apesar de não terem, desde o início, condição de vencer. Que poderia fazer uma das menores províncias, cujos homens desconheciam o adestramento militar, contra um império de 120 milhões de habitantes, com 250 mil soldados disciplinados e peritos na arte da guerra? Além disso, os próprios judeus estavam uns contra os outros e matavam-se entre si com tanta violência como se a luta fosse contra Roma, o inimigo comum. Vespasiano, o principal general romano, conduziu um grande exército até a Palestina. Entretanto, logo depois foi chamado a Roma, para ocupar o trono imperial. Ficou então na Palestina, chefiando o exército romano, o general Tito, filho de Vespasiano. Após prolongado cerco, agravado pela fome e pela guerra civil dentro dos muros, a cidade de Jerusalém foi tomada e destruída pelos exércitos romanos. Milhares e milhares de judeus foram mortos, e outros milhares foram feitos prisioneiros, isto é, escravos. O famoso Coliseu de Roma foi construído pelos judeus prisioneiros, os quais foram obrigados a trabalhar como escravos, e alguns deles até morrer. A nação judaica, depois de treze séculos de existência, foi assim destruída. Sua restauração deu-se no dia 15 de maio de 1948.

Na queda de Jerusalém, morreram poucos cristãos; talvez nenhum. Atentos às declarações proféticas de Cristo, os cristãos foram admoestados e escaparam da cidade ameaçada; refugiaram-se em Pela, no vale do Jordão.

Entretanto, o efeito produzido na Igreja pela destruição da cidade foi que pôs fim, para sempre, nas relações entre o judaísmo e o cristianismo. Até então, a Igreja era considerada pelo governo romano e pelo povo em geral um ramo da religião judaica. Contudo, dali por diante, judeus e cristãos separaram-se definitivamente. Um pequeno grupo de judeus cristãos ainda perseverou durante dois séculos, mas em número sempre decrescente. Esse grupo eram os ebionitas, somente reconhecidos pela Igreja no sentido geral, mas desprezados e apontados como apóstatas pelos judeus, gente da sua própria raça.

2. A segunda perseguição imperial, 90-96 (Ap 1.9)

Por volta do ano 90, o cruel imperador Domiciano iniciou a segunda perseguição imperial aos cristãos. Nessa época, milhares de cristãos foram mortos, especialmente em Roma e em toda a Itália. Entretanto, essa perseguição, como a de Nero, foi esporádica, local e não se estendeu a todo o império. No mesmo período, João, o último dos apóstolos, que vivia na cidade de Éfeso, foi preso e exilado na ilha de Patmos, no mar Egeu. Foi em Patmos que João recebeu a revelação que compõe o livro de Apocalipse, o último do Novo Testamento. Muitos eruditos, entretanto, afirmam que o livro tenha sido escrito mais cedo, isto é, provavelmente no ano 69, pouco depois morte de Nero. É provável que João tenha morrido em Éfeso por volta do ano 100.

3. Completa-se o Novo Testamento

Durante esse período foram escritos os últimos livros do Novo Testamento — Hebreus e talvez a segunda epístola de Pedro, as três epístolas e o evangelho de João, a epístola de Judas e o Apocalipse. Contudo, o reconhecimento universal desses livros como inspirados e canônicos só aconteceu mais tarde.

4. A situação da Igreja

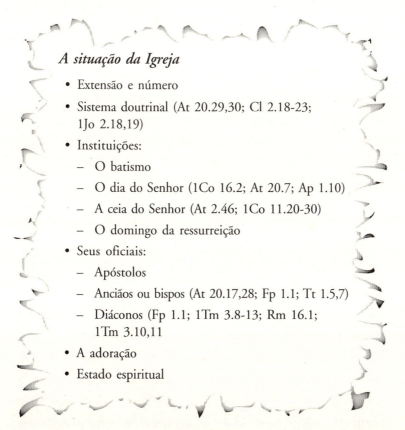

A situação da Igreja
- Extensão e número
- Sistema doutrinal (At 20.29,30; Cl 2.18-23; 1Jo 2.18,19)
- Instituições:
  - O batismo
  - O dia do Senhor (1Co 16.2; At 20.7; Ap 1.10)
  - A ceia do Senhor (At 2.46; 1Co 11.20-30)
  - O domingo da ressurreição
- Seus oficiais:
  - Apóstolos
  - Anciãos ou bispos (At 20.17,28; Fp 1.1; Tt 1.5,7)
  - Diáconos (Fp 1.1; 1Tm 3.8-13; Rm 16.1; 1Tm 3.10,11)
- A adoração
- Estado espiritual

É interessante notar o estado do cristianismo no fim do século I, cerca de setenta anos depois da ascensão de Cristo. Por essa época, havia famílias que durante três gerações vinham seguindo Cristo.

No início do século II, os cristãos já estavam radicados em todas as nações e em quase todas as cidades, desde o Tibre ao Eufrates, desde o mar Negro até o norte da África, e alguns crêem que se estendiam até a Espanha e Inglaterra, no Ocidente. O número de membros da comunidade cristã subia a muitos milhões. A famosa carta de Plínio ao imperador Trajano, escrita por volta do ano 112, declara que nas províncias da Ásia Menor, às margens do mar Negro, os templos dos deuses estavam quase abandonados, enquanto os cristãos em toda parte formavam uma multidão. Eles pertenciam a todas as classes, desde a dos nobres até a dos escravos, das quais estes últimos, no império, excediam em número à população livre. Acontecia, porém, que na Igreja o escravo era tratado igualmente como o livre. Um escravo podia chegar a ser bispo, enquanto seu amo e senhor não passava de simples membro.

No final do século I, as doutrinas ensinadas pelo apóstolo Paulo na epístola aos Romanos eram aceitas por toda a Igreja como regra de fé. Os ensinos de Pedro e João, exarados nas respectivas epístolas, concordam com os de Paulo. Surgiam nesse tempo idéias heréticas e formavam-se seitas cujos germens foram descobertos e expostos pelos apóstolos; contudo, o desenvolvimento dessas heresias só aconteceu mais tarde.

O batismo, principalmente por imersão, era o rito de iniciação na Igreja em toda parte. Contudo, no ano 120 aparecem menções do costume de batismo por aspersão; isso quer dizer que nesse tempo já estava em uso. O dia do Senhor era observado de modo geral, apesar de não o ser de forma estrita, como um dia absolutamente escolhido. Enquanto a Igreja fora composta de maioria judaica, observava-se o sábado; agora o primeiro dia da semana pouco a pouco tomava o lugar do sétimo. Já nos dias de Paulo, havia igrejas que se reuniam no primeiro dia da semana, e no livro de Apocalipse esse dia é chamado "o dia do Senhor".

A ceia do Senhor era observada universalmente. A ceia, no início, era celebrada no lar, assim como a Páscoa, da qual se originou. Entretanto, nas igrejas gentílicas apareceu o costume de celebrar-se essa reunião da Igreja como se fosse uma ceia qualquer, para a qual cada membro levava a própria provisão. O apóstolo Paulo repreendeu a igreja em Corinto pelo abuso que esse costume havia causado. No fim do século, a ceia do Senhor era celebrada no lugar onde os cristãos se reuniam, mas (talvez, por causa da perseguição) não em reuniões públicas. Somente os membros da igreja eram admitidos nas reuniões em que celebravam a ceia, que era considerada um "mistério". O reconhecimento do domingo da ressurreição como aniversário da ressurreição de Cristo foi sancionado e aumentava dia a dia; contudo, nessa época ainda não era observado por todos os cristãos.

O último sobrevivente dos apóstolos foi João, que morou na cidade de Éfeso até o ano 100. Não se lê em nenhum documento que houvesse sucessores para o cargo de apóstolo. Contudo, no ano 120 há a menção de "apóstolos", que parecem ter sido evangelistas que visitavam as igrejas, mas sem autoridade apostólica. Evidentemente não eram muito respeitados, pois às igrejas recomendava-se que os hospedassem somente durante três dias.

No livro de Atos e nas últimas epístolas, os títulos anciãos (presbíteros) e bispos são mencionados como se fossem aplicados alternadamente à mesma pessoa. No entanto, no fim do século I aumentava a tendência de elevar os bispos acima de seus companheiros, os anciãos, costume que mais tarde conduziu ao sistema eclesiástico. Os diáconos são mencionados nas últimas epístolas de Paulo como oficiais da igreja. Na epístola aos Romanos, escrita no ano 58 aproximadamente, Febe de Cencréia é chamada diaconisa, e uma referência em 1 Timóteo pode haver sido feita a mulheres que desempenhavam esse cargo.

O plano das reuniões nas assembléias cristãs era uma derivação das reuniões das sinagogas judaicas. Liam-se as Escrituras do Antigo Testamento e porções das cartas apostólicas e dos evangelhos; os salmos da Bíblia e os hinos cristãos eram cantados; as orações diferiam das que se faziam nas sinagogas, porque nas assembléias cristãs eram espontâneas; o uso da palavra era oferecido, sem restrições, aos irmãos visitantes. No fim das reuniões, era freqüente a participação na ceia do Senhor.

Quando lemos as últimas epístolas e o livro de Apocalipse, encontramos misturadas luz e sombra nos relatos que se referem às igrejas. As normas de caráter moral eram elevadas, mas o nível da vida espiritual era inferior ao que se manifestara nos primeiros dias apostólicos. Contudo, por toda parte a Igreja era forte, ativa, próspera e se esforçava por predominar em todos os extremos do Império Romano.

Perguntas para revisão

- Nomeie as quatro subdivisões da história da Igreja apostólica.
- Por que se chama a última subdivisão de era sombria?
- Entre quais datas ocorreu a subdivisão?
- Qual foi o primeiro acontecimento importante mencionado?
- Descreva esse acontecimento.
- Qual o efeito desse acontecimento na Igreja cristã?

- Qual o imperador que ordenou a segunda perseguição imperial contra os cristãos?
- Qual a data dessa perseguição?
- Que aconteceu a um dos apóstolos durante essa perseguição?
- Quais os últimos livros do Novo Testamento a serem escritos?
- Que se diz acerca do número e da extensão da Igreja no fim desse período?
- Qual a classe de pessoas que a Igreja representava?
- Qual era o seu sistema doutrinário?
- Quais eram as instituições da Igreja?
- Como se praticava o batismo?
- Como se praticava a ceia do Senhor?
- Quais oficiais da Igreja são mencionados?
- Qual era o programa das reuniões da Igreja?
- Qual o estado espiritual da Igreja no fim do século I?

Esboço dos capítulos 6-8

SEGUNDO PERÍODO GERAL — A IGREJA PERSEGUIDA

Da morte de João, 100,
ao Edito de Constantino, 313

AS PERSEGUIÇÕES IMPERIAIS (Capítulo 6)

I. CAUSAS DAS PERSEGUIÇÕES IMPERIAIS

1. O caráter inclusivo do paganismo e o caráter exclusivo do cristianismo
2. A adoração aos ídolos entrelaçada com a vida
3. A adoração ao imperador (2Ts 2.3,4; At 17.7)
4. O reconhecimento do judaísmo
5. As reuniões secretas dos cristãos
6. A igualdade na Igreja cristã
7. Os interesses econômicos (At 19)

II. FASES DA PERSEGUIÇÃO

1. De Trajano a Antonino Pio, 98-161
   Mártires: (a) Simeão, (b) Inácio
2. Marco Aurélio, 161-180
   Mártires: (a) Policarpo, (b) Justino Mártir
3. Septímio Severo, 193-211
   Mártires: (a) Leônidas, (b) Perpétua e Felicidade
4. Décio, 249-251

5. Valeriano, 253-260

   Mártires: (a) Cipriano, (b) Sexto

6. Diocleciano, 284-305, e Galério, 305-311

   Edito de Constantino, 313

III. Formação do cânon do Novo Testamento (Capítulo 7)

IV. Desenvolvimento da organização eclesiástica (At 15)

Causas da mudança

1. Perda da autoridade apostólica
2. Crescimento da igreja
3. Perseguições
4. Seitas e heresias
5. Analogia com o império

V. Desenvolvimento da doutrina

1. Escola de Alexandria — Panteno, Clemente e Orígenes
2. Escola da Ásia Menor — Ireneu
3. Escola do norte da África — Tertuliano e Cipriano

VI. Aparecimento de seitas e heresias (Capítulo 8)

1. Gnósticos
2. Ebionitas
3. Maniqueus
4. Montanistas

VII. Situação da Igreja

1. Uma Igreja purificada
2. O ensino unificado da Igreja
3. A organização da Igreja
4. O crescimento da Igreja

Segundo período geral

6

A Igreja perseguida — primeira parte
As perseguições imperiais

Da morte de João, 100,
ao Edito de Constantino, 313

O fato de maior destaque na história da Igreja nos séculos II e III foi, sem dúvida, a perseguição ao cristianismo pelos imperadores romanos. Apesar de a perseguição não ter sido contínua, repetia-se, por vezes, durante anos seguidos. Mesmo quando havia paz, a perseguição podia recomeçar a qualquer momento, cada vez mais violenta. A perseguição no século IV durou até o ano 313, quando o Edito de Constantino, o primeiro imperador cristão, fez cessar todos os propósitos de destruir a Igreja. Surpreendente é o fato de se constatar que, durante esse período, alguns dos melhores imperadores foram mais ativos na perseguição ao cristianismo, ao passo que os considerados piores imperadores eram brandos na oposição ou, então, não perseguiam o cristianismo.

Antes de apresentar a história, investiguemos alguns dos motivos que forçaram um governo, de um modo geral justo e que procurava o bem-estar de seus cidadãos, a tentar durante duzentos anos suprimir uma instituição tão reta, tão obediente à lei e tão necessária, como era o cristianismo. Podem-se apresentar várias causas para justificar o ódio dos imperadores ao cristianismo.

I. CAUSAS DAS PERSEGUIÇÕES IMPERIAIS

1. O caráter inclusivo do paganismo e o caráter exclusivo do cristianismo

O paganismo, em suas práticas, aceitava as novas formas e objetos de adoração que iam surgindo, enquanto o cristianismo rejeitava qualquer forma ou objetos de adoração. Onde os deuses já se contavam aos centos, talvez aos milhares, mais um ou menos um não representava diferença. Quando os habitantes de uma cidade desejavam desenvolver o comércio ou a imigração, construíam templos aos deuses que adoravam em outros países ou cidades, a fim de que os habitantes desses países ou cidades fossem adorá-los. É por essa razão que nas ruínas da cidade de Pompéia, Itália, encontra-se um templo de Ísis, uma deusa egípcia. Esse templo foi edificado para fomentar o comércio de Pompéia com o Egito, fazendo os comerciantes egípcios se sentirem como em seu próprio país. Por outro lado, o cristianismo opunha-se a qualquer forma de adoração, pois somente admitia adoração ao verdadeiro Deus. Um imperador desejou pôr uma estátua de Cristo no Panteão, um edifício que existe em Roma até hoje, e no qual eram postos todos os deuses importantes. Os cristãos, porém, recusaram a oferta com desprezo. Não desejavam que o seu Cristo fosse conhecido meramente como um deus qualquer dentre outros deuses.

2. A adoração aos ídolos entrelaçada com a vida

A adoração aos ídolos estava entrelaçada com todos os aspectos da vida. As imagens eram encontradas em todos os lares para serem adoradas. Em todas as festividades, eram oferecidas libações aos deuses. As imagens eram adoradas em todas as cerimônias cívicas ou provinciais. Os cristãos, é claro, não participavam dessas formas de adoração. Por essa razão, o povo não dado a pensar considerava-os insociáveis, taciturnos, ateus e aborrecedores de seus companheiros. Com reputação tão desfavorável por parte do povo em geral, apenas um passo os separava da perseguição.

3. A adoração ao imperador (2Ts 2.3,4; At 17.7)

A adoração ao imperador era considerada prova de lealdade. Nos lugares mais visíveis de cada cidade, havia uma estátua do imperador reinante. A essa imagem, era oferecido incenso, como se oferecia aos deuses. Parece que numa das primeiras epístolas de Paulo há uma referência cautelosa contra essa forma de idolatria. Os cristãos recusavam-se a prestar tal adoração, mesmo um simples oferecimento de incenso sobre o altar. Pelo fato de cantarem hinos e louvores e adorarem a "outro Rei, um tal Jesus", eram considerados, pelo povo, desleais e conspiradores de uma revolução.

4. O reconhecimento do judaísmo

A primeira geração dos cristãos era tida como relacionada com os judeus, e o judaísmo era reconhecido pelo governo como religião permitida, apesar de os judeus viverem separados dos costumes idólatras e não comerem alimentos usados nas festas dos ídolos. Essa suposta relação preservou os cristãos por algum tempo da perseguição. Entretanto, após a destruição de Jerusalém, no ano 70, o cristianismo ficou isolado, sem nenhuma lei que protegesse seus seguidores do ódio dos inimigos.

5. As reuniões secretas dos cristãos

As reuniões secretas dos cristãos despertaram suspeitas. Eles se reuniam antes do nascer do sol, ou então à noite, quase sempre em cavernas ou nas catacumbas subterrâneas. A esse respeito, circulavam falsos rumores de que entre eles praticavam-se atos imorais e criminosos. Além disso, o governo autocrático do império suspeitava de todos os cultos e sociedades secretas, temendo propósitos desleais. A celebração da ceia do Senhor, da qual eram excluídos os estranhos, era, repetidas vezes, causa de acusações e de perseguições.

6. A igualdade na Igreja cristã

O cristianismo considerava todos os homens iguais. Não havia nenhuma distinção entre seus membros, nem em suas reuniões. Um escravo podia ser eleito bispo na Igreja. Tudo isso eram coisas inaceitáveis para a mentalidade dos nobres, para os filósofos e para as classes governamentais. Os cristãos eram considerados "niveladores da sociedade", portanto anarquistas, perturbadores da ordem social. Por isso, eram tidos na conta de inimigos do Estado.

7. Os interesses econômicos (At 19)

Não raro, os interesses econômicos também provocavam e excitavam o espírito de perseguição. Da mesma forma que o apóstolo Paulo, em Éfeso, esteve em perigo de morte em razão de um motim incitado por Demétrio, o ourives, muitas vezes os governantes eram influenciados a perseguir os cristãos por pessoas cujos interesses financeiros eram prejudicados pelo avanço da Igreja: sacerdotes e demais servidores dos templos pagãos, os que negociavam com imagens, os escultores, os arquitetos que construíam templos e todos os que ganhavam a vida por meio da adoração pagã. Não era coisa rara ouvir-se o populacho gritar "os cristãos às feras, aos leões!", quando seus negócios e sua arte estavam em perigo ou quando funcionários públicos ambiciosos desejavam apoderar-se das propriedades de cristãos ricos.

II. FASES DA PERSEGUIÇÃO

Durante os séculos II e III, e muito especialmente nos primeiros anos do século IV, até o ano 313, a religião cristã era proibida, e seus partidários, considerados fora-da-lei. Apesar dessas circunstâncias, a maior parte do tempo a espada da perseguição estava embainhada, e os cristãos raramente eram molestados em suas observâncias de caráter religioso. Contudo, mesmo durante esses períodos de calmaria aparente, estavam sujeitos a perigo repentino a qualquer momento, sempre que um dos governantes desejasse executar os decretos ou quando algum cristão eminente dava seu testemunho abertamente e sem medo.

Houve, contudo, alguns períodos de curta ou de longa duração quando a Igreja foi alvo de feroz perseguição. As perseguições do século I efetuadas por Nero (66-68) e por Domiciano (90-95) foram, não há dúvida, explosões de delírio e ódio, sem outro motivo a não ser a ira de um tirano. Essas perseguições deram-se de forma esporádica e não se prolongaram por muito tempo. Entretanto, do ano 250 a 313 os seguidores de Cristo estiveram sujeitos a uma série sistemática e implacável de atentados governamentais em todo o império, a fim de esmagar a fé sempre crescente.

1. De Trajano a Antonino Pio, 98-161

Desde o reinado de Trajano ao de Antonino Pio (98-161), o cristianismo não era reconhecido, mas também não foi perseguido de modo severo. Sob o governo dos quatro imperadores, Nerva, Trajano, Adriano e Antonino Pio (os quais, com Marco Aurélio, foram conhecidos como os "cinco bons imperadores"), nenhum cristão podia ser preso sem culpa definida e comprovada. O espírito da época inclinava-se a ignorar a religião cristã. Contudo, quando se formulavam acusações e os cristãos se recusavam a retratar-se, os governantes eram obrigados, contra a própria vontade, a pôr em vigor a lei e ordenar a execução. Alguns mártires proeminentes da fé executados nesse período foram os seguintes:

Simeão (ou Simão, Mc 6.3), o sucessor de Tiago, bispo da igreja em Jerusalém e, como aquele, também irmão do Senhor. Diz-se que alcançou a idade de 120 anos. Foi crucificado por ordem do governador romano na Palestina, no ano 107, durante o reinado de Trajano.

Inácio, bispo de Antioquia da Síria. Ele estava disposto a ser martirizado, pois durante a viagem para Roma escreveu cartas às igrejas manifestando o desejo de não perder a honra de morrer por seu Senhor. Foi lançado às feras no anfiteatro romano, no ano 108 ou 110. Apesar de a perseguição durante esses reinados não haver sido tão forte como a que se manifestou depois, ocorreram vários martírios, como os dois que já registramos.

2. Marco Aurélio, 161-180

O melhor dos imperadores romanos, e um dos mais eminentes escritores de ética, foi Marco Aurélio, que reinou de 161 a 180. A estátua dele em montaria ainda existe diante das ruínas do Capitólio, em Roma. Apesar de possuir tão boas qualidades como homem e governante justo, foi um pertinaz perseguidor dos cristãos. Ele procurou restaurar a antiga simplicidade da vida romana e, com ela, a antiga religião. Opunha-se, pois, aos cristãos por considerá-los inovadores. Milhares de crentes em Cristo foram decapitados e devorados pelas feras na arena. De todos os mártires desse período, mencionamos apenas dois.

Policarpo, bispo de Esmirna, na Ásia Menor; morreu no ano 155. Ao ser levado perante o governador e instado a abjurar a fé e negar o nome de Jesus, assim respondeu: "Oitenta e seis anos o servi, e somente bens recebi durante todo o tempo. Como poderia agora negar ao meu Senhor e Salvador?". Policarpo foi queimado vivo.

Justino Mártir era filósofo antes de se converter a Cristo e continuou ensinando depois de aceitar o cristianismo. Era um dos homens mais competentes de seu tempo e um dos principais defensores da fé cristã. Seus livros, que ainda existem, oferecem valiosas informações acerca da vida da Igreja nos meados do século II. Seu martírio deu-se em Roma, no ano 166.

3. Septímio Severo, 193-211

Depois da morte de Marco Aurélio, no ano 180, seguiu-se um período de confusão. Os imperadores, fracos e sem dignidade, estavam demasiado ocupados com as guerras civis e com seus próprios prazeres, de modo que não lhes sobrava tempo para dar atenção aos cristãos. Entretanto, Septímio Severo, no ano 202, iniciou uma terrível perseguição que durou até a sua morte, no ano 211. Severo revelava uma natureza mórbida e melancólica; era muito rigoroso na execução da disciplina. Procurou, em vão, restaurar as religiões decadentes do passado. Em todos os lugares, havia perseguição contra os cristãos; contudo, onde ela se manifestou mais intensa foi no Egito e no norte da África. Em Alexandria, Leônidas, pai do grande teólogo Orígenes, foi decapitado. Perpétua, nobre mulher de Cartago, e Felicidade, sua fiel escrava, foram despedaçadas por feras, no ano 203. Tão cruel fora o espírito do imperador Septímio Severo que ele era considerado o anticristo por muitos autores cristãos (1Jo 2.12,22).

4. Décio, 249-251

No governo dos numerosos imperadores que se seguiram em rápida sucessão, a Igreja foi esquecida pelo período de quarenta anos. O imperador Caracala (211-217) confirmou a cidadania a todas as pessoas que não fossem escravas, em todo o império. Essa medida tornou-se num benefício indireto para os cristãos, pois não podiam ser crucificados nem lançados às feras, a menos que fossem escravos. Entretanto, no governo de Décio (249-251) iniciou-se outra terrível perseguição; felizmente seu governo foi curto e, com sua morte, a perseguição cessou durante algum tempo.

5. Valeriano, 253-260

Com a morte de Décio, seguiram-se mais de cinqüenta anos de relativa calma, somente quebrada em alguns períodos por breves perseguições aos cristãos. Um desses períodos foi no tempo de Valeriano, no ano 257. O célebre Cipriano, bispo de Cartago, um dos maiores escritores e líderes da Igreja desse período, foi morto, e bem assim o bispo romano Sexto.

6. Diocleciano, 284-305, e Galério, 305-311

Edito de Constantino, 313

A última, a mais sistemática e a mais terrível de todas as perseguições ocorreu no governo de Diocleciano e seus sucessores, de 303 a 310. Numa série de editos, determinou-se que todos os exemplares da Bíblia fossem queimados. Ao mesmo tempo, ordenou-se que todos os templos construídos em todo o império durante meio século de aparente calma fossem destruídos. Além disso, exigiu-se que todos renunciassem ao cristianismo e à fé. Aqueles que o não fizessem, perderiam a cidadania romana e ficariam sem a proteção da lei.

Em alguns lugares, os cristãos eram encerrados nos templos e, depois, ateavam-lhes fogo, com todos os membros em seu interior. Consta que o imperador Diocleciano erigiu um monumento com esta inscrição: "Em honra ao extermínio da superstição cristã".[1]

Entretanto, setenta anos mais tarde o cristianismo era a religião oficial do imperador, da corte e do império. Os imensos Banhos de Diocleciano, em Roma, foram construídos pelo trabalho forçado de escravos cristãos. Contudo, doze séculos depois de Diocleciano, uma parte do edifício foi por Michelangelo transformada na Igreja de Santa Maria dos Anjos, dedicada em 1561, ainda hoje local de culto da igreja católica romana. Diocleciano renunciou ao trono no ano 305, entretanto seus subordinados e sucessores, Galério e Constâncio, continuaram a perseguição durante seis anos. Constantino, filho de Constâncio, servindo como co-imperador, o qual nesse tempo ainda não professava o cristianismo, expediu o memorável Edito de Tolerância, no ano 313. Por essa lei, o cristianismo foi oficializado, sua adoração tornou-se legal e cessou a perseguição, para não mais voltar, enquanto durou o Império Romano.

Perguntas para revisão

- Mencione o nome do segundo período geral da história da Igreja.

---

[1] Essa declaração, apesar de ser feita por muitos historiadores, baseia-se em provas incertas e bem pode ser inverídica.

- Com que acontecimentos e em que datas se iniciou e terminou?
- Qual o acontecimento mais destacado do período?
- Quais os séculos em que a Igreja foi perseguida pelos imperadores romanos?
- Qual o tipo de imperadores romanos que se mostraram mais severos nas perseguições imperiais? Mencione sete causas das perseguições.
- Qual era a atitude do paganismo com os novos objetivos de adoração?
- Qual era o espírito do cristianismo com outras formas de adoração?
- Como o governo considerava a religião judaica?
- Como essa atitude afetou a religião cristã no princípio e mais tarde?
- Como eram consideradas as reuniões secretas dos cristãos?
- Quais os efeitos produzidos pelas tendências de igualdade na Igreja cristã?
- Como os interesses comerciais afetavam a perseguição aos cristãos?
- Qual era a situação da Igreja na maior parte do tempo durante esse período?
- Quais os imperadores que perseguiram a Igreja antes do ano 100?
- Quais nomes ficaram conhecidos como os "cinco bons imperadores"?
- Como foram tratados os cristãos durante o governo desses imperadores?
- Quais os cristãos proeminentes que sofreram martírio nessa época?

- Qual foi o grande e bondoso imperador que perseguiu a Igreja?
- Quais foram os motivos?
- Quais foram os mártires durante o seu governo?
- Quem é mencionado como o terceiro imperador perseguidor do período?
- Quem sofreu sob as ordens desse imperador?
- Qual o bom edito publicado por Caracala e de que modo beneficiou os cristãos?
- Qual foi o quarto imperador perseguidor?
- Que alívio se seguiu à morte desse imperador?
- Qual foi o quinto imperador perseguidor?
- Quem pereceu durante o seu governo?
- Faça um resumo do sexto e último imperador que ordenou perseguições.
- Quais atos desse imperador foram depois indícios do triunfo do cristianismo?

7

A IGREJA PERSEGUIDA — SEGUNDA PARTE

Formação do cânon do Novo Testamento
Desenvolvimento da organização eclesiástica
Desenvolvimento da doutrina

Apesar de considerarmos as perseguições o fato mais importante da história da Igreja nos séculos II e III, nesse período houve grandes avanços no campo da organização e vida da comunidade cristã. Vamos considerar alguns desses fatos.

III. FORMAÇÃO DO CÂNON DO NOVO TESTAMENTO

Já vimos que os escritos do Novo Testamento foram concluídos pouco depois do início do século II. Entretanto, a formação do Novo Testamento com os livros que o compõem, como cânon ou regra de fé com autoridade divina, não foi imediata. Nem todos os livros eram aceitos em todas as igrejas como escritos inspirados. Alguns deles, especialmente Hebreus, Tiago, a segunda epístola de Pedro e Apocalipse, eram aceitos no Oriente, embora tenham sido recusados durante muitos anos no Ocidente. Por outro lado, alguns livros que hoje não são aceitos como canônicos eram lidos no Oriente. Entre esses livros, estão os seguintes: *Epístola de Barnabé, Pastor de Hermas, Didaquê* [ou *Ensino dos Doze Apóstolos*] e o *Apocalipse de Pedro.*

Gradual e lentamente, os livros do Novo Testamento, da forma como hoje os usamos, conquistaram a proeminência de Escrituras inspiradas, ao passo que os outros livros foram gradualmente postos de lado e rejeitados pelas igrejas. Os concílios que se realizavam de quando em quando não escolheram os livros para formar o cânon. Apenas ratificaram a escolha já feita pelas igrejas. Não é possível determinar a data exata do reconhecimento completo do Novo Testamento, tal como o usamos atualmente, mas sabe-se que não aconteceu antes do ano 300. Qualquer pessoa que leia um Novo Testamento apócrifo e o compare com o conteúdo do Novo Testamento canônico notará imediatamente a razão por que tais livros foram recusados e não reconhecidos como canônicos.

IV. DESENVOLVIMENTO DA ORGANIZAÇÃO ECLESIÁSTICA (At 15)

Enquanto viveram os primeiros apóstolos, a reverência geral a eles, como companheiros escolhidos por Cristo, primeiros líderes espirituais da Igreja e homens dotados de inspiração divina, dava-lhes o lugar indiscutível de dirigentes da Igreja, até onde era necessário governá-la. Quando Lucas escreveu o livro de Atos, e Paulo, as epístolas aos Filipenses e a Timóteo, os títulos "bispo" e "ancião" (presbítero) eram dados livremente àqueles que serviam às igrejas. Entretanto, sessenta anos depois, isto é, por volta do ano 125, nota-se que os bispos governavam as igrejas em toda parte, e cada um mandava em sua própria diocese, tendo presbíteros e diáconos sob suas ordens. O Concílio de Jerusalém, por volta do ano 50, era composto de "apóstolos e anciãos", que expressavam a voz de toda a Igreja, tanto dos ministros (se é que existiam, o que é duvidoso) como de todos os leigos. Entretanto, durante o período da perseguição, seguramente depois do ano 150, os concílios eram celebrados e as leis ditadas apenas pelos bispos. A forma episcopal de governo dominava no âmbito universal. A história de então não explica as causas que conduziram a essa mudança de organização; contudo, não é difícil descobri-las.

CAUSAS DA MUDANÇA

1. Perda da autoridade apostólica

A perda de autoridade apostólica contribuiu para que fossem realizadas eleições de novos líderes. Os primeiros líderes da Igreja, Pedro, Paulo, Tiago, o irmão do Senhor, e João, o último dos apóstolos, haviam morrido sem deixar homens iguais a eles, com a mesma capacidade que possuíam. Depois da morte dos apóstolos Pedro e Paulo, num período de cerca de cinqüenta anos, a história da Igreja tem suas páginas em branco. As realizações de homens como Timóteo, Tito e Apolo são desconhecidas. Entretanto, na geração seguinte, surgem novos nomes como bispos com autoridade sobre várias dioceses.

2. Crescimento da igreja

O crescimento e a amplitude da Igreja foi a causa da organização e da disciplina. Enquanto as igrejas estavam dentro dos limites que tornavam possível receber a visita dos apóstolos, poucas autoridades eram necessárias. Contudo, quando a Igreja se expandiu para além dos limites do Império Romano, chegando até as fronteiras da Índia, abarcando muitas nações e raças, então se julgou necessária a autoridade de um dirigente para suas diferentes divisões.

3. Perseguições

A perseguição — um perigo comum — aproximou as igrejas umas das outras e exerceu influência para que elas se unissem e se organizassem. Quando os poderes do Estado se levantavam contra a Igreja, sentia-se, então, a necessidade de uma liderança eficiente. Apareciam, pois, os líderes para a ocasião. Essa situação durou sete gerações e fez a forma de governo se estabelecer em caráter definitivo.

4. Seitas e heresias

A aparição de seitas e heresias na Igreja impôs, também, a necessidade de se estabelecerem alguns artigos de fé e, com eles, algumas autoridades para executá-los. Veremos, neste capítulo, algumas divisões de caráter doutrinário que ameaçaram a existência da própria Igreja. Notaremos como as controvérsias sobre elas suscitaram o imperativo disciplinar para se impor aos hereges e manter a unidade da fé.

5. Analogia com o império

Ao inquirir-se por que foi adotada essa forma de governo, isto é, um governo hierárquico, em lugar de um governo exercido por um ministério em condições de igualdade, descobrimos que, por analogia, o sistema de governo imperial serviu de modelo usado no desenvolvimento da Igreja. O cristianismo não teve início numa república em que os cidadãos escolhiam os governantes, mas surgiu num império governado com autoritarismo. Por essa razão, quando se fez necessário algum governo para a

Igreja, surgiu a forma autocrática, isto é, o governo de bispos, aos quais as comunidades cristãs se submetiam, por estarem acostumadas à mesma forma de governo do Estado. Convém notar que, durante todo o período que estamos considerando, nenhum bispo reclamou para si a autoridade de bispo universal — autoridade sobre outros bispos —, como mais tarde o fez o bispo de Roma.

V. O DESENVOLVIMENTO DA DOUTRINA

Outra característica que distingue esse período é, sem dúvida, o desenvolvimento da doutrina. Na era apostólica, a fé era do coração, uma entrega pessoal da vontade a Cristo como Senhor e Rei. Era uma vida de acordo com o exemplo da vida de Jesus, e como resultado o Espírito Santo morava no coração. Entretanto, no período que agora focalizamos, a fé gradativamente passara a ser mental, era uma fé do intelecto, que acreditava num sistema rigoroso e inflexível de doutrinas. Toda a ênfase era dada à forma de crença, e não à vida espiritual interna. As normas de caráter cristão eram ainda elevadas, e a Igreja possuía muitos santos guiados pelo Espírito Santo, mas a doutrina pouco a pouco se transformava em prova do cristianismo. O Credo Apostólico, a mais antiga e mais simples declaração de fé cristã, foi escrito durante esse período.

Apareceram, nessa época, três escolas teológicas. Uma em Alexandria, outra na Ásia Menor e ainda outra no norte da África. Essas escolas foram estabelecidas para instruir aqueles que descendiam de famílias pagãs e que haviam aceitado a fé cristã. Entretanto, não tardou que tais escolas se transformassem em centros de investigação das doutrinas da Igreja. Grandes mestres ensinavam nessas escolas.

1. Escola de Alexandria — Panteno, Clemente e Orígenes

A escola de Alexandria foi fundada no ano 180 por Panteno, que fora filósofo na escola dos estóicos; como cristão, porém, era fervoroso em espírito e eloqüente no ensino oral. Apenas alguns fragmentos de seus ensinos sobrevivem. Panteno foi sucedido por Clemente de Alexandria (que viveu em, aproximadamente, 150-215), e vários de seus livros (a maioria defendendo o cristianismo contra o paganismo) ainda existem. Entretanto, o maior vulto da escola de Alexandria, o expositor mais competente desse período, foi Orígenes (185-254), que ensinou e escreveu sobre muitos temas, demonstrando possuir profundo saber e poder intelectual.

2. Escola da Ásia Menor — Ireneu

A escola da Ásia Menor não estava localizada em determinado centro, mas consistia num grupo de mestres e escritores de teologia. Seu mais expressivo representante foi Ireneu, que "combinou o zelo de evangelista com a habilidade de escritor consumado". Nos últimos anos de sua vida, mudou-se para a França, onde chegou a ser bispo e, por volta do ano 200, morreu como mártir.

3. Escola do norte da África — Tertuliano e Cipriano

A escola do norte da África estava estabelecida na cidade de Cartago. Mediante um elevado número de escritores e teólogos competentes, fez mais do que as outras em favor do cristianismo, no sentido de dar forma ao pensamento teológico da Europa. Os dois nomes de maior expressão que passaram por essa escola foram os do brilhante e fervoroso Tertuliano (160-220) e o do mais conservador porém hábil e competente bispo Cipriano, o qual morreu como mártir na perseguição de Décio, no ano 258.

Os escritos desses eruditos cristãos, e bem assim os de muitos outros que com eles trabalharam e por eles foram inspirados, serviram de inestimável fonte de informações originais acerca da Igreja, sua vida, suas doutrinas e suas relações com o mundo pagão que a cercava, durante os séculos de perseguição.

Perguntas para revisão

- Mencione os dois temas já considerados nesse período.
- Qual é o terceiro tema?
- Qual a diferença entre os livros e o cânon?
- Quais livros do Novo Testamento foram objeto de controvérsia e discussão por algum tempo?
- Quais os livros que não foram incluídos na Bíblia e eram aceitos por algumas igrejas?
- Como se decidiu, finalmente, quais eram os livros canônicos?
- Que se diz acerca da organização eclesiástica da igreja primitiva?
- Quais ordens eram originariamente iguais?
- Quando a organização é considerada completa?
- Qual era a forma de governo estabelecida na Igreja?
- Mencione cinco razões para o estabelecimento dessa forma de governo.
- De que maneira o sistema de governo do império influenciou no sistema de governo da Igreja?
- Quais eram os ensinos baseados no período apostólico?
- Que mudança se fez mais tarde na Igreja?
- Qual a declaração do credo elaborado primeiramente?
- Onde surgiram escolas de teologia?
- Mencione os nomes dos principais mestres expositores de cada escola.

8

A IGREJA PERSEGUIDA — TERCEIRA PARTE

O aparecimento de seitas e heresias
A situação da Igreja

VI. APARECIMENTO DE SEITAS E HERESIAS

Juntamente com o desenvolvimento da doutrina teológica, desenvolviam-se também as seitas ou, como eram chamadas, as heresias na Igreja cristã. Enquanto a Igreja era judaica em virtude de seus membros, e até mesmo depois, quando era orientada por homens do tipo judeu como Pedro e até mesmo Paulo, havia apenas uma leve tendência para o pensamento abstrato e especulativo. Entretanto, quando a Igreja em sua maioria se compunha de gregos, especialmente de gregos místicos e instáveis da Ásia Menor, apareceram opiniões e teorias estranhas, de toda sorte, as quais se desenvolveram rapidamente ali. Os cristãos dos séculos II e III lutaram não só contra as perseguições do mundo pagão, mas também contra as heresias e doutrinas corrompidas dentro do próprio rebanho. Em seguida, vamos considerar apenas algumas das mais importantes seitas desse período.

1. Gnósticos

Os gnósticos (do grego *gnosis*, "sabedoria") não são fáceis de definir, por variarem em demasia suas doutrinas, que diferiam de lugar para lugar e em diversos períodos. Surgiram na Ásia Menor — foco de idéias fantásticas — e eram como que um enxerto do cristianismo no paganismo. Eles criam que do Deus supremo emanava um grande número de divindades inferiores, algumas benéficas e outras malignas. Criam que, por meio dessas divindades, o mundo fora criado, com a mistura do bem e do mal, e que em Jesus Cristo, como uma dessas "emanações", a natureza divina habitou durante algum tempo. Igualmente interpretavam as Escrituras de forma alegórica, de modo que cada declaração das Escrituras significava aquilo que ao intérprete parecesse mais acertado. Os gnósticos progrediram durante todo o século II, cessando suas atividades no fim desse século.

2. Ebionitas

Os ebionitas (de uma palavra hebraica que significa "pobre") eram judeus cristãos que insistiam na observância da lei e dos costumes judaicos. Rejeitaram as cartas do apóstolo Paulo, porque nessas epístolas Paulo reconhecia os gentios convertidos como cristãos. Os ebionitas eram considerados apóstatas pelos judeus não cristãos, mas também não contavam com a simpatia dos cristãos gentios, os quais, depois do ano 70, constituíam a maioria na Igreja. Os ebionitas foram reduzindo-se, gradualmente, no século II.

3. Maniqueus

Os maniqueus, de origem persa, foram chamados por esse nome em razão de seu fundador ter o nome de Mani, o qual foi morto no ano 276, por ordem do governo persa. O ensino dos maniqueus dava ênfase a este fato: "O Universo compõe-se do reino das trevas e do reino da luz, e ambos lutam pelo domínio da natureza e do próprio homem". Recusavam Jesus, mas criam num "Cristo celestial". Eram rigorosos quanto à obediência ao ascetismo e renunciavam ao casamento. Os maniqueus foram perseguidos tanto por imperadores pagãos como também pelos cristãos. Agostinho, o maior teólogo da Igreja, era adepto do maniqueísmo antes de se converter a Cristo.

4. Montanistas

Os montanistas, assim chamados por causa de Montano, seu fundador, quase não podem ser incluídos entre as seitas heréticas, apesar de seus ensinos terem sido condenados pela Igreja. Os montanistas eram puritanos e exigiam que tudo voltasse à simplicidade dos primeiros cristãos. Eles criam no sacerdócio de todos os verdadeiros crentes, e não nos cargos do ministério. Observavam rígida disciplina na Igreja. Consideravam os dons de profecia um privilégio dos discípulos e possuíam muitos profetas e profetisas em seus quadros. Tertuliano, um dos principais entre os pais da Igreja, aceitou as idéias dos montanistas e escreveu em favor deles.

Acerca dessas seitas, consideradas heresias, a dificuldade em compreendê-las ou julgá-las está no fato de que (com exceção dos montanistas, e até mesmo estes, até certo ponto) seus escritos desapareceram. Para formar nossa opinião acerca deles, dependemos exclusivamente daqueles que contra eles escreveram, e eles foram, provavelmente, prejudicados com isso. Suponhamos, por exemplo, que a denominação metodista desaparecesse, com todos os seus escritos, e que mil anos mais tarde estudiosos procurassem conhecer seus ensinos pesquisando os livros e panfletos combatendo John Wesley, publicados durante o século XVIII. Como seriam erradas suas conclusões! Que versão distorcida do metodismo apresentariam!

VII. SITUAÇÃO DA IGREJA

Vejamos a situação da Igreja durante os séculos de perseguição, especialmente no seu término, no ano 313.

1. Uma Igreja purificada

Um dos efeitos produzidos pelas provações por que passaram os cristãos desse período foi uma Igreja purificada. As perseguições conservavam afastados todos aqueles que não eram sinceros em sua confissão de fé. Ninguém se unia a uma comunidade cristã para obter lucros ou popularidade. Os fracos e os de coração dobre abandonavam a Igreja. Somente os que estavam dispostos a ser fiéis até a morte tornavam-se publicamente seguidores de Cristo. A perseguição cirandou a Igreja, separando o joio do trigo.

2. O ensino unificado da Igreja

De modo geral, nessa época, o ensino da Igreja estava unificado. Tratava-se de uma comunidade de muitos milhões de pessoas, espalhadas em muitos países, incluindo muitas raças e falando vários idiomas. Apesar de tudo isso, tinham a mesma fé. As várias seitas surgiram, floresceram e pouco a pouco desapareceram. As controvérsias revelaram a verdade, e até mesmo alguns movimentos heréticos deixaram atrás de si algumas verdades que enriqueceram o "depósito" da Igreja. Apesar da existência de seitas e cismas, o cristianismo do Império Romano e dos países vizinhos estava unido na doutrina, nos costumes e no espírito.

3. A organização da Igreja

Era uma Igreja inteiramente organizada. Já descrevemos o sistema de organização na era apostólica. No século III, a Igreja já estava dividida em dioceses, controlando com mãos firmes as rédeas de seu governo. A Igreja era um exército disciplinado unido, sob uma liderança competente. Dentro do Império Romano, exteriormente organizado, mas interiormente em decadência, havia "outro" império de vida abundante e de poder sempre crescente, que era a Igreja cristã.

4. O crescimento da Igreja

A Igreja multiplicava-se. Apesar das perseguições, ou talvez por causa delas, o cristianismo crescia com rapidez assombrosa. Ao findar o período de perseguição, a Igreja era suficientemente numerosa para constituir a instituição mais poderosa do império. Gibbon, historiador dessa época, calculou que os cristãos, ao término da perseguição, eram pelo menos a décima parte da população. Muitos escritores aceitaram as declarações de Gibbon. Contudo, faz algum tempo o assunto foi cuidadosamente investigado, e a conclusão a que os estudiosos chegaram foi esta: o número de membros da Igreja e seus aderentes chegou a vários milhões sob o domínio de Roma. Uma prova das mais evidentes desse fato foi descoberta nas catacumbas de Roma, túneis subterrâneos de vasta extensão, que durante dois séculos foram os lugares de refúgio, reunião e de sepultamento dos cristãos. As sepulturas dos cristãos nas catacumbas, conforme demonstram as inscrições e símbolos sobre elas, de acordo com cálculos de alguns, sobem a milhões. Acrescentem-se a esses milhões muitos outros que não foram sepultados nas catacumbas, e teremos, então, uma idéia de quão elevado era o número de cristãos em todo o Império Romano.

Perguntas para revisão

- A que se deve o aparecimento de seitas e heresias na Igreja?
- Mencione os nomes das quatro principais seitas. Explique também quais os ensinos de cada uma dessas seitas.
- Por que razão é difícil saber com precisão o que ensinavam essas seitas?
- Quais eram os quatro aspectos da situação da Igreja no fim das perseguições?
- Quais os indícios que podem apontar esses aspectos?

Esboço dos capítulos 9-11

Terceiro período geral — A Igreja imperial

Do Edito de Constantino, 313,
à queda de Roma, 476

I. A vitória do cristianismo (Capítulo 9)

1. Constantino, o primeiro imperador cristão, 312-337
2. Bons resultados para a Igreja
   a. Fim da perseguição
   b. Igrejas restauradas (At 18.7; Cl 4.15; Fm 1.2; At 19.9)
   c. Fim dos sacrifícios pagãos
   d. Dedicação de templos pagãos ao culto cristão
   e. Doações às igrejas
   f. Privilégios concedidos ao clero
   g. Proclamação do domingo como dia de descanso
3. Alguns bons resultados para o Estado
   a. Crucificação abolida
   b. Repressão do infanticídio
   c. Influência no tratamento dos escravos
   d. Proibição dos duelos de gladiadores
4. Alguns maus resultados da vitória cristã
   a. Todos na Igreja
   b. Costumes pagãos introduzidos na Igreja
   c. A Igreja torna-se mundana
   d. Males resultantes da união da Igreja com o Estado

II. Fundação de Constantinopla, 330 (Capítulo 10)

1. A necessidade de uma nova capital
2. Sua posição geográfica
3. A capital e a Igreja
4. A Igreja de Santa Sofia

III. Divisão do Império Romano

IV. Supressão do paganismo

1. A tolerância de Constantino
2. A intolerância de seus sucessores
   a. Confisco das doações aos templos pagãos
   b. A repressão do infanticídio
   c. Muitos templos pagãos destruídos
   d. Destruição dos escritos anticristãos
   e. Proibida a adoração de ídolos

V. Controvérsias e concílios

1. Arianismo — A doutrina da Trindade
2. A heresia apolinária — A natureza de Cristo
3. O pelagianismo — O pecado e a salvação

VI. O nascimento do monasticismo

1. Sua origem
2. Seu fundador
3. Os santos e as colunas
4. O monasticismo na Europa

VII. Desenvolvimento do poder na igreja de Roma
(Capítulo 11)

Causas

1. Semelhança com o governo imperial
2. A afirmação da sanção apostólica (Mt 16.18; Jo 21.16,17)
3. O caráter da igreja de Roma
4. A mudança da capital

VIII. A queda do Império Romano do Ocidente

1. Causas de sua ruína
   a. Cobiça das riquezas do império
   b. Despreparo das legiões romanas
   c. Debilidade no império pelas guerras civis
   d. Movimento das tribos asiáticas
2. As tribos invasoras
   a. Os visigodos (Alarico), 376
   b. Os vândalos (Genserico), 406
   c. Os burgúndios, 414
   d. Os francos, 420
   e. Os anglo-saxões, 440
   f. Os hunos (Átila), 450
3. A queda de Roma, 476
4. A Igreja e os bárbaros

IX. Líderes do período

1. Atanásio, 296-373
2. Ambrósio de Milão, 340-397
3. João Crisóstomo, 345-407
4. Jerônimo, 340-420
5. Agostinho, 354-430

Terceiro período geral

9

A Igreja imperial — primeira parte

*Do Edito de Constantino, 313,
à queda de Roma, 476*

I. A VITÓRIA DO CRISTIANISMO

No período que agora vamos tratar, o fato mais notável, e também o mais influente, tanto para o bem como para o mal, foi a vitória do cristianismo. No ano 305, quando Diocleciano abdicou o trono imperial, a religião cristã era terminantemente proibida, e aqueles que a professassem eram castigados com torturas e morte. Contra o cristianismo, estavam todos os poderes do Estado. Entretanto, menos de oitenta anos depois, em 380, o cristianismo foi reconhecido como religião oficial do Império Romano, e um imperador cristão exercia autoridade suprema, cercado de uma corte constituída de cristãos professos. Dessa forma, passaram os cristãos, de um momento para o outro, das arenas romanas onde tinham de enfrentar os leões, a ocupar lugares de honra junto ao trono que governava o mundo!

1. Constantino, o primeiro imperador cristão, 312-337

Logo após a abdicação de Diocleciano, no ano 305, quatro aspirantes à coroa estavam em guerra. Os dois rivais mais poderosos eram Maxêncio e Constantino, cujos exércitos se enfrentaram na ponte Múvia sobre o Tibre, a 16 quilômetros de Roma, no ano 312. Maxêncio representava a perseguição aos cristãos, de natureza pagã. Constantino era favorável aos cristãos, apesar de ainda não se confessar como tal. Ele afirmou ter visto no céu uma cruz luminosa com a seguinte inscrição: "*In Hoc Signo Vinces*" ("Com este sinal, vencerás"). Mais tarde, adotou essa inscrição como insígnia do seu exército. Constantino venceu a batalha, e Maxêncio morreu afogado no rio Tibre.

Pouco tempo depois, em 313, Constantino promulgou o famoso Edito de Tolerância, que oficialmente pôs fim às perseguições. Somente no ano 323 foi que Constantino alcançou o posto supremo de imperador, e o cristianismo foi então favorecido.

O caráter de Constantino não era perfeito. Apesar de ser considerado justo, de um modo geral, ocasionalmente era cruel e tirano. Dizia-se que "a realidade do seu cristianismo era melhor do que a sua qualidade". Ele retardou o ato de seu batismo até as vésperas da morte, julgando que o ato do batismo lavava todos os pecados que cometera, idéia prevalecente entre os cristãos naquela época. Se Constantino não foi um grande cristão, foi, sem dúvida, um grande político, pois teve a idéia de unir-se ao movimento que dominaria o futuro de seu império.

2. Bons resultados para a Igreja

- Fim da perseguição
- Igrejas restauradas (At 18.7; Cl 4.15; Fm 1.2; At 19.9)
- Fim dos sacrifícios pagãos
- Dedicação de templos pagãos ao culto cristão
- Doações às igrejas
- Privilégios concedidos ao clero
- Proclamação do domingo como dia de descanso

Da repentina mudança de relações entre o Império Romano e a Igreja surgiram resultados de alcance mundial. Alguns úteis e outros danosos, tanto para a Igreja como para o Estado. É fácil verificar em que sentido a nova atitude do governo beneficiou a causa do cristianismo.

Cessaram, como já dissemos, as perseguições. Durante duzentos anos antes, em nenhum momento os cristãos estiveram livres de perigos, acusações e morte. Entretanto, desde a publicação do Edito de Constantino, no ano 313, até o término do império, a espada não foi somente embainhada, mas enterrada.

Os templos das igrejas foram restaurados e novamente abertos em toda parte. No período apostólico, celebravam-se reuniões em casas particulares e em salões alugados. Mais tarde, nos períodos em que cessavam as perseguições, construíam-se templos para as igrejas. Na última perseguição, durante o tempo de Diocleciano, alguns desses templos foram destruídos e outros confiscados pelas autoridades. Todos os templos que ainda existiam quando

Constantino subiu ao poder foram restaurados, e aqueles que tinham sido destruídos foram pagos pelas cidades em que estavam localizados. A partir dessa época, os cristãos desfrutaram de plena liberdade para edificar templos, que começaram a ser erguidos por toda parte. Esses templos tinham a forma e tomavam o nome de "basílica", ou seja, do salão da corte romana, um retângulo dividido por filas de colunas, tendo na extremidade uma plataforma semicircular com assentos para os clérigos. O próprio Constantino deu o exemplo mandando construir templos em Jerusalém, Belém e na nova capital, Constantinopla. Duas gerações depois, começaram a aparecer as imagens nas igrejas. Os primeiros cristãos tinham horror a tudo que pudesse conduzir à idolatria.

Nessa época, a adoração pagã ainda era tolerada, embora houvessem cessado os sacrifícios oficiais. O fato significativo de uma mudança tão rápida e tão radical em costumes que estavam intimamente ligados a todas as manifestações cívicas e sociais prova que os costumes pagãos eram então mera formalidade e não expressavam a crença das pessoas inteligentes.

Em muitos lugares, os templos pagãos foram dedicados ao culto cristão. Esses fatos sucediam principalmente nas cidades, enquanto nos pequenos lugares a crença e a adoração pagãs perduraram durante gerações. A palavra "pagão" originariamente significava "morador do campo". Mais tarde, porém, passou a significar um idólatra, alguém que não pratica a verdadeira adoração.

Em todo o império, os templos dos deuses do paganismo eram mantidos pelo tesouro público, mas, com a mudança que se operara, esses donativos passaram a ser concedidos às igrejas e ao clero cristão. Em pequena escala a princípio, mas logo depois de maneira generalizada e de forma liberal, o dinheiro público foi enriquecendo as igrejas, e os bispos, os ministros e todos os funcionários do culto cristão eram pagos pelo Estado. Era uma dádiva bem recebida pela Igreja, porém de benefício duvidoso.

Ao clero foram concedidos muitos privilégios, nem sempre facultados pela lei do império, mas por costume, que pouco depois se transformava em lei. Os deveres cívicos obrigatórios para todos os cidadãos, não se exigiam dos clérigos; estes estavam isentos de pagamento de impostos. Nas causas em que estivessem envolvidos, os clérigos eram julgados por cortes eclesiásticas, e não civis. Os ministros da Igreja logo formavam uma classe privilegiada, acima da lei do país. Tudo isso foi, também, um bem imediato que se transformou em prejuízo tanto para o Estado como para a Igreja.

O primeiro dia da semana (domingo) foi proclamado como dia de descanso e adoração, e a observância em breve se generalizou em todo o império. No ano 321, Constantino proibiu o funcionamento das cortes e tribunais aos domingos, exceto nos casos de libertação de escravos. Os soldados estavam isentos de exercícios militares aos domingos. Mas os jogos públicos continuaram a ser realizados nos domingos, o que o tornava mais um feriado que um dia santo.

3. Alguns bons resultados para o Estado

- Crucificação abolida
- Repressão do infanticídio
- Influência no tratamento dos escravos
- Proibição dos duelos de gladiadores

Como se vê, do reconhecimento do cristianismo como religião preferida surgiram alguns bons resultados, tanto para o povo como para a Igreja. O espírito da nova religião foi incutido em muitas ordens decretadas por Constantino e seus sucessores imediatos.

A crucificação foi abolida. Note-se que a crucificação era uma forma comum de castigo para os criminosos, exceto para os cidadãos romanos, os únicos que tinham direito a ser decapitados, se fossem condenados à morte. Contudo, a cruz, emblema sagrado para os cristãos, foi adotada por Constantino como distintivo de seu exército e foi proibida como instrumento de morte.

O infanticídio foi reprimido. Na história de Roma e suas províncias, era fato comum que qualquer criança que não fosse do agrado do pai podia ser asfixiada ou abandonada para que morresse. Algumas pessoas dedicavam-se a recolher crianças abandonadas; criavam-nas e depois vendiam-nas como escravos. A influência do cristianismo imprimiu um sentido sagrado à vida humana, até mesmo à das crianças, e fez o infanticídio ser banido do império.

Através de toda a história da república e do Império Romano antes que o cristianismo chegasse a dominar, mais da metade da população era escrava, sem nenhuma proteção legal. Qualquer senhor podia matar os escravos que possuía, se o desejasse. Durante o domínio de um dos primeiros imperadores, um rico cidadão romano foi assassinado por um de seus escravos. Segundo a lei, como castigo, todos os 300 escravos daquele cidadão foram mortos, sem levar em consideração o sexo, a idade, a culpa ou a inocência. Entretanto, a influência do cristianismo tornou mais humano o tratamento dado aos escravos. Foram-lhes outorgados direitos legais que antes não possuíam. Podiam, de acordo com a lei, acusar seu amo de tratamento cruel, e a emancipação foi assim sancionada e fomentada. Dessa forma, as condições dos escravos foram melhoradas, e a escravidão foi gradativamente abolida.

As lutas de gladiadores foram proibidas. Essa lei foi posta em vigor na nova capital de Constantino, onde o hipódromo jamais foi contaminado por homens que se matavam uns aos outros para satisfazer o prazer mórbido dos espectadores.

Contudo, os combates ainda continuaram no anfiteatro romano até o ano 404, quando o monge Telêmaco invadiu a arena e tentou apartar os gladiadores. O monge foi assassinado; entretanto, desde então, cessou a matança de homens como espetáculo público.

4. Alguns maus resultados da vitória cristã

- Todos na Igreja
- Costumes pagãos introduzidos na Igreja
- A Igreja torna-se mundana
- Males resultantes da união da Igreja com o Estado

Apesar de os triunfos do cristianismo haverem proporcionado boas coisas ao povo, contudo a sua aliança com o Estado, inevitavelmente, traria maus resultados para a Igreja. Se o término da perseguição foi uma bênção, a oficialização do cristianismo como religião do Estado foi, não há dúvida, maldição.

Todos queriam ser membros da Igreja, e quase todos eram aceitos. Tanto os bons como os maus, os que buscavam a Deus e os hipócritas buscando vantagens, todos se apressavam em ingressar na comunhão. Homens mundanos, ambiciosos e sem escrúpulos, todos desejavam postos na Igreja, para, assim, obterem influência social e política. O nível moral do cristianismo no poder era muito mais baixo do que aquele que distinguia os cristãos nos tempos de perseguição.

Embora os cultos de adoração tivessem aumentado em esplendor, passaram a ser menos espirituais e menos sinceros do que no passado. Os costumes e as cerimônias do paganismo foram pouco a pouco infiltrando-se nos cultos de adoração. Algumas das antigas festas pagãs foram aceitas na Igreja com nomes diferentes. Por volta do ano 405, as imagens dos santos e mártires começaram a aparecer nos templos, como objetos de reverência, adoração e culto. A adoração à Virgem Maria substituiu a adoração a Vênus e a Diana. A ceia do Senhor tornou-se um "sacrifício" em lugar de um ato memorial da morte do Senhor. O "ancião" evoluiu de pregador a sacerdote.

Como resultado da ascensão da Igreja ao poder, não se vêem, então, os ideais do cristianismo transformando o mundo; o que se vê é o mundo dominando a Igreja. A humildade e a santidade da igreja primitiva foram substituídas pela ambição, pelo orgulho e pela arrogância de seus membros. Na verdade, ainda havia alguns cristãos de espírito puro, como Mônica, a mãe de Agostinho, e bem assim ministros fiéis, como Jerônimo e João Crisóstomo. Entretanto, a onda de mundanismo avançou e venceu muitos que se diziam discípulos do humilde Senhor.

Se tivesse sido permitido ao cristianismo desenvolver-se normalmente, sem o controle do Estado, e se o Estado se tivesse mantido livre da ditadura da Igreja, ambos teriam sido mais felizes. No entanto, a Igreja e o Estado tornaram-se uma só entidade quando o cristianismo foi adotado como religião do império, e dessa união não natural surgiram males sem conta nas províncias orientais e ocidentais. No Oriente, o Estado dominava de tal modo a Igreja que esta perdeu todo o poder que possuía. No Ocidente, como veremos adiante, a Igreja, pouco a pouco, usurpou o poder secular, e o resultado não foi *cristianismo*, e sim o estabelecimento de uma *hierarquia* mais ou menos corrompida que dominava as nações da Europa, fazendo da Igreja uma máquina política.

Perguntas para revisão

- Qual é o título do terceiro período geral?
- Com que acontecimento e em que datas começou e terminou?
- Qual o acontecimento mais evidente desse período?
- Qual o contraste que se nota entre duas datas não muito distanciadas na história da Igreja e do império?
- Qual o imperador que se mostrou reconhecido ao cristianismo?
- Com quem contendeu por causa do poder imperial?
- Que visão ele teve, segundo se conhece?
- Qual o edito que publicou e quando o fez?
- Que aconteceu por se haver tornado o único imperador? Como era seu caráter?
- Mencione sete bons resultados advindos do reconhecimento do cristianismo no império.
- Mencione também o que estava ligado a cada um dos sete resultados por causa da vitória do cristianismo.
- Cite alguns bons resultados da vitória do cristianismo para o Estado.
- Qual a forma de execução que terminou e por que motivo?

- Qual foi o efeito do cristianismo em crianças de pouca idade?
- De que forma foi afetado o tratamento dos escravos?
- Que aconteceu no tocante às lutas de gladiadores?
- Quais os resultados prejudiciais para o cristianismo em razão do seu reconhecimento oficial?
- Quais os males que resultaram para a Igreja?
- Que costumes pagãos surgiram na Igreja?
- Em que sentido foi influenciada a espiritualidade da Igreja?
- Quais os danos causados pela união da Igreja com o Estado?

10
A Igreja imperial — segunda parte

Fundação de Constantinopla
Divisão do Império Romano
Supressão do paganismo
Controvérsias e concílios
O nascimento do monasticismo

II. FUNDAÇÃO DE CONSTANTINOPLA, 330

Logo após haver sido o cristianismo elevado à religião do Império Romano, uma nova capital foi escolhida, construída e estabelecida como sede da autoridade do império, fato que deu motivo a grandes acontecimentos tanto para a Igreja como para o Estado.

1. A necessidade de uma nova capital

O imperador Constantino compreendeu que a cidade de Roma estava intimamente ligada à adoração pagã, cheia de templos e estátuas, e o povo, inclinado à antiga forma de adoração; enfim, uma cidade dominada pelas tradições do paganismo. Além disso, a posição geográfica de Roma, em meio a imensas planícies, deixava-a exposta aos ataques dos inimigos.

No início da república, a cidade, mais de uma vez, fora cercada por exércitos estrangeiros. Mais tarde, também fora cercada por exércitos das províncias, que por várias vezes destronaram e entronizaram imperadores. O sistema de governo organizado por Diocleciano e continuado por Constantino não dava lugar a nenhuma parcela de autoridade do senado romano. Os imperadores possuíam agora poderes ilimitados, e Constantino desejava uma capital sem os laços da tradição, uma capital sob os auspícios da nova religião.

2. Sua posição geográfica

Constantino demonstrou grande sabedoria ao escolher a nova capital. O local escolhido foi Bizâncio, cidade grega, cuja existência contava cerca de mil anos. Estava situada no ponto de contato entre a Europa e a Ásia, onde os dois continentes estão separados pelos dois estreitos: ao norte, o de Bósforo, e ao sul, o de Helesponto (atualmente, Dardanelos), que, juntos, medem 96 quilômetros de comprimento e, em quase toda a extensão, menos de 1 quilômetro de largura, com exceção de alguns trechos em que alcançam 5 ou 6 quilômetros. A situação dessa cidade estava tão bem fortificada pela natureza que, durante mais de vinte e cinco séculos de história, raras vezes foi conquistada por seus inimigos, ao passo que a sua rival, a cidade de Roma, várias vezes fora saqueada e vencida. Em Bizâncio, Constantino estabeleceu a capital e planejou a construção da grande cidade mundialmente conhecida durante muitos anos por Constantinopla, a cidade de Constantino, atualmente Istambul.

3. A capital e a Igreja

Na nova capital, o imperador e o patriarca (esse foi o título que posteriormente recebeu o bispo de Constantinopla) viviam em harmonia. A Igreja era honrada e considerada, mas eclipsada pela autoridade do trono. Em razão da presença e do poder do imperador e da índole submissa e dócil do povo, a Igreja, no Império Romano do Oriente, tornou-se escrava do Estado, apesar de alguns patriarcas, como João Crisóstomo, afirmarem sua independência.

4. A Igreja de Santa Sofia

Na nova capital, não havia templos dedicados aos ídolos, mas não tardou que se edificassem várias igrejas. A maior de todas ficou conhecida como a de Santa Sofia, "Sabedoria Sagrada". Foi edificada por ordem de Constantino. Algum tempo depois, foi destruída por um incêndio, mas reconstruída pelo imperador Justiniano (em 537), com tanta magnificência que sobrepujou todos os templos da época. Esse templo, durante onze séculos, foi considerado a catedral do cristianismo, até o ano de 1453, quando a cidade foi conquistada pelos turcos. Logo após, o templo foi transformado em mesquita, até depois da Primeira Guerra Mundial.

III. DIVISÃO DO IMPÉRIO ROMANO

Logo depois da fundação da nova capital, deu-se a divisão do império. As fronteiras eram demasiado extensas, e o perigo de invasão dos bárbaros era tão grande que um imperador sozinho já não poderia proteger seus vastos domínios. Diocleciano havia iniciado a divisão de autoridade em 305. Constantino também nomeou imperadores aliados. Em 395, Teodósio completou a separação. Desde o governo de Teodósio, o mundo romano foi dividido em oriental e ocidental, separados pelo mar Adriático. O Império do Oriente era denominado grego, ao passo que o do

Ocidente era chamado latino, em razão do idioma que prevalecia em cada um deles. A divisão do império foi um presságio da futura divisão da Igreja.

IV. SUPRESSÃO DO PAGANISMO

Um dos fatos mais notáveis da História foi a rápida transformação de um vasto império, de pagão que era, para cristão. Aparentemente, no início do século IV, os antigos deuses estavam arraigados na reverência do mundo romano; contudo, antes que se iniciasse o século IV, os templos pagãos haviam sido abandonados à própria ruína ou, então, transformados em templos cristãos. Os sacrifícios e as libações haviam cessado, e, oficialmente, o Império Romano era cristão. Vejamos como o paganismo caiu do elevado conceito que desfrutava.

1. A tolerância de Constantino

Constantino era tolerante, tanto por temperamento como por motivos políticos, apesar de ser enfático no reconhecimento da religião cristã. Não sancionava nenhum sacrifício às imagens que antes eram adoradas e determinou que cessassem as oferendas à estátua do imperador. Contudo, favorecia a tolerância para com todas as formas de religião e procurava a conversão gradativa do povo ao cristianismo, mediante a evangelização, e não por decretos. Conservou alguns títulos pagãos do imperador, como o de "*Pontifex Maximus*", sumo pontífice, título adotado por todos os papas desde esse tempo. Também manteve as virgens, as vestais, em Roma.

2. A intolerância de seus sucessores

Entretanto, os sucessores de Constantino mostraram-se intolerantes. A conversão dos pagãos crescia muito rapidamente, para o bem-estar da Igreja. Contudo, os primeiros imperadores cristãos que sucederam Constantino procuraram acelerar ainda mais o movimento de conversões, mediante uma série de leis drásticas e opressoras. Todas as ofertas dadas aos templos pagãos ou aos seus sacerdotes foram confiscadas e quase todas transferidas para os templos cristãos. Os sacrifícios e ritos de adoração pagãos foram proibidos, e a sua prática era considerada ofensa punida por lei. Logo após o reinado de Constantino, seu filho decretou a pena de morte a todos os adoradores de ídolos e o confisco de suas propriedades. O paganismo, na geração que antecedeu a sua extinção, teve alguns mártires; contudo, bem poucos em paralelo com os mártires do cristianismo, cuja perseguição durou dois séculos.

Muitos templos pagãos já tinham sido dedicados ao cristianismo. Depois de alguns anos, foi ordenado que aqueles que ainda restavam fossem demolidos, a não ser que se considerassem úteis para a adoração cristã. Um decreto proibia que se falasse ou escrevesse contra a religião cristã, e determinou-se que todos os livros contrários fossem queimados. O resultado desse decreto foi que o único conhecimento que temos das seitas heréticas ou anticristãs é obtido por meio dos livros escritos contra elas. A execução dessas leis repressivas variava de intensidade nas diversas partes do império. Contudo, seu efeito extinguiu o paganismo no decorrer de três ou quatro gerações.

V. CONTROVÉRSIAS E CONCÍLIOS

Logo que o longo conflito do cristianismo com o paganismo terminou em vitória daquele, surgiu uma nova luta, uma guerra no campo do pensamento, uma série de controvérsias dentro da Igreja acerca de doutrinas. Enquanto a Igreja lutava para sua própria sobrevivência contra a perseguição, conservou-se unida, apesar dos rumores de dissensões doutrinárias. Entretanto, quando a Igreja se viu a salvo e no poder, surgiram acalorados debates acerca de suas doutrinas, e tão fortes mostravam-se que lhe abalavam os fundamentos. Durante esse período, surgiram três grandes controvérsias, além de outras de menor importância. A fim de resolver essas questões, convocavam-se concílios de toda a Igreja. Nesses concílios, somente os bispos tinham direito a voto. Todos os demais clérigos e leigos deveriam submeter-se às decisões que aqueles tomassem.

1. Arianismo — A doutrina da Trindade

A primeira controvérsia apareceu por causa da doutrina da Trindade, especialmente em relação ao Pai e ao Filho. Ário, presbítero de Alexandria, mais ou menos no ano 318, defendeu a doutrina que considerava Jesus Cristo superior à natureza humana, mas inferior a Deus; não admitia a existência eterna de Cristo; pregava que Cristo teve início. O principal opositor dessa doutrina foi Atanásio, também de Alexandria. Atanásio afirmava a unidade do Filho com o Pai, a divindade de Cristo e sua existência eterna. A contenda estendeu-se a toda a Igreja. Depois de Constantino haver feito tudo para solucionar a questão, sem obter êxito, convocou, então, um concílio de bispos, o qual se reuniu em Nicéia, Bitínia, em 325. Atanásio, que então era apenas diácono, teve direito a falar, mas não a voto. Apesar dessa circunstância, conseguiu que a maioria do concílio condenasse as doutrinas de Ário, no Credo de Nicéia. Contudo, Ário estava politicamente bem amparado. Suas opiniões eram sustentadas por muitos membros influentes pertencentes às classes elevadas, até mesmo pelo filho e sucessor de Constantino. Por essa razão, foi Atanásio cinco vezes exilado e o mesmo número de vezes trazido do desterro. Quando um amigo de Atanásio lhe disse: "Atanásio, o mundo está contra ti", ele respondeu: "Assim seja, Atanásio contra o mundo". Os últimos sete anos, Atanásio passou-os em Alexandria, onde morreu em 373. Suas idéias, muito depois de sua morte, foram vitoriosas e aceitas por toda a Igreja, tanto no Oriente como no Ocidente. Foram consubstanciadas no Credo de Atanásio, que durante algum tempo se acreditava haver sido escrito por ele, embora mais tarde se tenha descoberto que outra pessoa o tivesse escrito.

2. A heresia apolinária — A natureza de Cristo

Posteriormente apareceu outro cisma acerca da natureza de Cristo. Apolinário, bispo de Laodicéia (ano 360), declarou que a natureza divina tomou o lugar da natureza humana, em Cristo; que Jesus, na Terra, não era um homem, mas Deus em forma humana. A maioria dos bispos e dos teólogos sustentava que a pessoa de Jesus Cristo era uma união de Deus e homem, divindade e humanidade numa só natureza. A heresia apolinária foi condenada pelo Concílio de Constantinopla, no ano 381, o que deu motivo a Apolinário afastar-se da Igreja.

3. O pelagianismo — O pecado e a salvação

A única controvérsia prolongada desse período, surgida na igreja do Ocidente, foi a que dizia respeito ao pecado e à salvação. Teve origem com Pelágio, monge que foi da Bretanha para Roma, por volta do ano 410. Sua doutrina declarava que nós não herdamos as tendências pecaminosas de Adão, mas que a alma faz a sua própria escolha, seja para pecar, seja para viver retamente. Que a vontade humana é livre, e cada um é responsável por suas decisões. Contra essa idéia, surgiu, então, o maior intelecto da história do cristianismo, depois do apóstolo Paulo, o poderoso Agostinho, que sustentava que Adão representava toda a raça humana, que no pecado de Adão todos os homens pecaram e são pecadores, e todo o gênero humano é considerado culpado. Que o homem não pode aceitar a salvação unicamente por sua própria escolha, mas somente pela vontade de Deus, o qual é quem escolhe aqueles que devem ser salvos. A doutrina de Pelágio foi condenada pelo Concílio de Cartago, no ano 418, e a teologia de Agostinho tornou-se a regra ortodoxa da Igreja. Somente mais tarde, nos tempos modernos, na Holanda, sob a orientação de Armínio (ano de 1600), e no século XVIII, com John Wesley, é que a Igreja se afastou do sistema doutrinário agostiniano.

VI. O SURGIMENTO DO MONASTICISMO

Enquanto esses movimentos de controvérsias se agitavam, surgia outro grande movimento que alcançou imensas proporções na Idade Média: o monasticismo. Na igreja primitiva, não havia monges nem freiras. Os cristãos viviam em famílias; apesar de evitarem misturar-se com os idólatras, eram, contudo, membros da sociedade em que viviam. Entretanto, no período que estamos considerando notamos o despontar e o desenvolvimento inicial de um movimento rumo à vida monástica.

1. Sua origem

Depois que o cristianismo se impôs e dominou em todo o império, o mundanismo penetrou na Igreja e fez prevalecer seus costumes. Muitos dos que anelavam uma vida espiritual mais elevada estavam descontentes com os costumes que os cercavam e afastavam-se para longe das multidões. Em grupos ou isoladamente, retiravam-se para cultivar a vida espiritual, por meio da meditação, oração e costumes ascéticos. Esse espírito monástico teve início no Egito, favorecido pelo clima cálido e pelas escassas necessidades da vida.

2. Seu fundador

No início da história cristã, podem encontrar-se casos de vida solitária. Entretanto, o fundador do monasticismo foi Antão, no ano 320, pois foi a sua vida de asceta que chamou a atenção e fez milhares de pessoas imitarem o seu exemplo. Ele viveu sozinho durante muitos anos numa caverna, no Egito. Era conhecido de todos, e todos o admiravam pela pureza e simplicidade de seu caráter. Foi assim que muitos o imitaram e se retiraram para as cavernas do norte do Egito. Esses que assim viviam sozinhos eram chamados "anacoretas". Os que formavam comunidades eram conhecidos por "cenobitas". Do Egito, esse movimento espalhou-se pelas igrejas do Oriente, onde a vida monástica foi adotada por muitos homens e mulheres.

3. Os santos e as colunas

Uma forma peculiar de ascetismo foi adotada pelos santos das colunas. O iniciador desse sistema foi Simão, ou Simeão Estilita, um monge sírio, apelidado "da Coluna". Ele deixou o mosteiro em 423 e construiu vários pilares em fila; a construção dos primeiros pilares ou colunas foi seguida de outros mais altos, de modo que o último tinha 18 metros de altura e 1,20 metro de largura. Nesses pilares ou colunas, viveu Simão cerca de trinta e sete anos. Milhares de pessoas seguiram-lhe o exemplo, de modo que a Síria teve muitos santos dos pilares ou colunas, entre os séculos V e XII. Contudo, essa forma de vida não conseguiu discípulos na Europa.

4. O monasticismo na Europa

O movimento monástico na Europa espalhou-se mais lentamente do que na Ásia e na África. A vida solitária e individual dos ascetas não tardou a fazer que na Europa se fundassem mosteiros onde o trabalho estaria unido à oração. A Lei da Ordem dos Beneditinos, mediante a qual foram, de modo geral, organizados e dirigidos os mosteiros do Ocidente, foi promulgada no ano 529. O espírito monástico desenvolveu-se na Idade Média; posteriormente, voltaremos a tratar do assunto e de sua ação na História.

Perguntas para revisão

- Mencione os cinco temas deste capítulo.
- Por que se tornou necessária uma nova capital para o império?
- Onde se fundou essa capital?
- Por que foi sábia a escolha desse local?
- Quais as relações entre o imperador e o chefe da Igreja na capital?
- Mencione, com detalhes, um célebre edifício que existia nessa capital.
- Por que se dividiu o império?
- Quem iniciou a divisão?
- Quem a completou?
- Onde se fixaram as fronteiras nos Estados do império?
- Que idiomas se falavam nesses Estados?

- Como foi tratado o paganismo pelos sucessores de Constantino?
- Qual era a atitude de Constantino para com as religiões pagãs?
- Quais os editos publicados depois desse tempo contra as religiões antigas?
- Qual foi o efeito dessas leis?
- Quando surgiram as grandes controvérsias?
- Quem era Ário?
- Quais eram os seus ensinos?
- Quem fez oposição a Ário?
- Qual era o conceito do oponente acerca de Ário?
- Qual foi o concílio que tratou dessa questão?
- Como se resolveu a contenda?
- Qual era a heresia de Apolinário?
- Qual o concílio que considerou a heresia de Apolinário?
- Em que consistia a controvérsia pelagiana?
- Quem era Pelágio?
- Quais eram as idéias que se opunham a Pelágio?
- Qual o concílio que decidiu essa questão?
- Qual a origem do monasticismo?
- Quem foi o seu fundador?
- Que significa a expressão "santos dos pilares ou das colunas"?
- Qual era a tendência da vida monástica na Europa?
- Quem a regulamentou?

11

A Igreja imperial — terceira parte

Desenvolvimento do poder na igreja de Roma
A queda do Império Romano do Ocidente
Líderes do período

VII. DESENVOLVIMENTO DO PODER NA IGREJA DE ROMA

Já sabemos que a cidade de Roma foi suplantada por Constantinopla em sua posição de capital política do mundo. Agora veremos a mesma Roma afirmando seu direito de ser a capital da Igreja. No decurso dos anos anteriores, a Igreja esforçou-se para conquistar prestígio e poder, e agora o bispo de Roma, que já se chamava papa, reclamava o trono de autoridade sobre todo o mundo cristão e insistia em ser reconhecido como cabeça da Igreja em toda a Europa ao oeste do mar Adriático. A essa altura, a demanda do papa pelo poder, tanto sobre a Igreja como sobre o Estado, ainda não tinha as proporções que viria a alcançar mais tarde na Idade Média, mas já se inclinava fortemente nessa direção. Vejamos quais foram as causas desse movimento.

CAUSAS

1. Semelhança com o governo imperial

A semelhança da Igreja com o império, como organização, fortalecia a tendência da nomeação de um cabeça. Num Estado governado por uma autocracia, e não por autoridades eleitas, no qual um imperador governava com poderes absolutos, era natural que a Igreja, da mesma forma, fosse governada por um chefe. Em toda parte, os bispos governavam as igrejas, mas a seguinte pergunta surgia constantemente: quem governará os bispos? Qual o bispo que deve exercer na Igreja a autoridade que o imperador exerce no império? Os bispos que dirigiam igrejas em certas cidades eram chamados "metropolitanos" e, mais tarde, "patriarcas". Havia patriarcas em Jerusalém, Antioquia, Alexandria, Constantinopla e Roma. O bispo de Roma tomou o título de "pai", que mais tarde foi consagrado pela palavra latina "papa". Entre os cinco patriarcados mencionados, havia freqüentes e fortes disputas pela supremacia. Mais tarde, essa disputa ficou somente entre o patriarca de Constantinopla e o papa de Roma, para saber-se qual dos dois seria chefe da Igreja.

2. A afirmação da sanção apostólica (Mt 16.18; Jo 21.16,17)

Roma reclamava para si autoridade apostólica. A igreja de Roma era a única que declarava poder mencionar o nome de dois apóstolos como fundadores, isto é, os maiores de todos os apóstolos, Pedro e Paulo. Surgiu, então, a tradição de que Pedro fora o primeiro bispo de Roma, o que, certo ou errado, jamais pôde ser comprovado. Ora, como bispo de Roma, Pedro teria sido então, para a igreja romana, papa. Pois supunha-se que o título "bispo", no século I, tivera o mesmo significado que então lhe davam no século IV, isto é, chefe do clero e da Igreja; além disso, que Pedro, como principal entre os apóstolos, deveria exercer autoridade sobre toda a Igreja. Citavam dois textos dos Evangelhos como prova desses fatos. Um desses textos ainda pode ser visto, escrito em latim, na cúpula da Basílica de São Pedro, no Vaticano: "Tu és Pedro, e sobre esta pedra edificarei a minha igreja". O outro é "Apascenta as minhas ovelhas". Argumentavam da seguinte forma: se Pedro foi o chefe da Igreja, então seus sucessores, os papas de Roma, devem continuar a exercer a mesma autoridade.

3. O caráter da igreja de Roma

A organização da igreja de Roma e bem assim seus primeiros líderes defendiam fortemente essas afirmações. Os bispos da igreja de Roma, de um modo geral, eram muito mais fortes, sábios e enérgicos que os de Constantinopla; por essa razão, sua influência era sentida em toda a Igreja. A influência da antiga tradição imperial que fizera de Roma a senhora do mundo ainda estava presente na sociedade romana. Nesse ponto, há um contraste notável entre Roma e Constantinopla.

Originariamente, Roma havia feito os imperadores, ao passo que os imperadores fizeram Constantinopla e a povoaram com seus súditos submissos. A igreja de Roma sempre se mantivera conservadora na doutrina, pouco influenciada por seitas e heresias; permanecia, naqueles dias, como uma coluna do ensino ortodoxo. Esse fato aumentava sua influência em toda a Igreja, de modo geral.

Além disso, a igreja de Roma apresentava um cristianismo prático. Nenhuma outra igreja a sobrepujava no cuidado para com os pobres, não só entre seus membros, mas também entre os pagãos, nas ocasiões em que se manifestava a peste ou a fome. A igreja de Roma havia oferecido auxílio liberal às igrejas perseguidas em outras províncias. Quando um funcionário pagão de Roma pediu à igreja os seus tesouros, o bispo reuniu os membros pobres e disse a ele: "Aqui está o nosso tesouro".

4. A mudança da capital

A transferência da capital de Roma para Constantinopla, longe de diminuir a influência do bispo ou papa romano, fê-la aumentar consideravelmente. Já verificamos que em Constantinopla o imperador e a corte dominavam a igreja; o patriarca, de modo geral, estava sujeito ao palácio imperial. Entretanto, em Roma não havia imperador sobrepondo-se ao papa ou eclipsando-o. Portanto, o papa era a mais alta autoridade na região. A Europa inteira sempre olhara para Roma com certa reverência. Nesse momento em que a capital do império estava longe, especialmente estando o próprio império em decadência, o sentimento de lealdade ao papa, pouco a pouco, tomou o lugar da lealdade ao imperador.

Foi assim que em todo o Ocidente o bispo de Roma, ou papa, chefe da igreja em Roma, começou a ser considerado a autoridade principal de toda a Igreja. Dessa forma, no Concílio de Constantinopla, em 381, Roma ocupou o primeiro lugar, e Constantinopla, o segundo. Preparava-se dessa forma o caminho para pretensões ainda maiores da parte de Roma e do papa, nos séculos futuros.

VIII. A QUEDA DO IMPÉRIO ROMANO DO OCIDENTE

Durante esse período da Igreja imperial, entretanto, outro movimento avançava, isto é, a maior catástrofe de toda a História — a queda do Império Romano do Ocidente. No reinado de Constantino, aparentemente o reino parecia estar tão bem protegido e invencível como estivera no governo de Marco Aurélio e de

Augusto. Contudo, estava corroído pela decadência moral e política e pronto para ser desmoronado por invasores vizinhos, que estavam desejosos de invadi-lo. Vinte e cinco anos após a morte de Constantino, no ano 337, os muros do Império do Ocidente foram derrubados, as hordas de bárbaros (nome dado pelos romanos aos demais povos, exceto a si mesmos, aos gregos e aos judeus) começaram a penetrar por toda parte nas indefesas províncias, apoderando-se dos territórios e estabelecendo reinos independentes. Em menos de cento e quarenta anos, o Império Romano do Ocidente, que existiu durante mil anos, foi riscado do mapa. Não é difícil encontrar as causas de tão fragorosa queda.

1. Causas de sua ruína

Causas da ruína imperial

- Cobiça das riquezas do império
- Despreparo das legiões romanas
- Debilidade do império pelas guerras civis
- Movimento das tribos asiáticas

As riquezas do império eram cobiçadas pelos povos bárbaros, seus vizinhos. De um lado da fronteira, havia cidades opulentas que viviam despreocupadamente, vastos campos com fartas colheitas, enfim, pessoas que possuíam tudo quanto as tribos pobres tanto desejavam. Por essa razão, enfileiravam-se, agressivas, do outro lado da fronteira. Durante séculos, a invasão dos bárbaros fora a principal preocupação dos imperadores romanos. As fronteiras do império estavam sempre defendidas contra as ameaças desses inimigos. A única razão de haver vários imperadores ao mesmo tempo decorria da necessidade de um governante investido de autoridade próximo aos locais de perigo, para que pudesse agir, sem esperar ordens da capital distante.

Mesmo em seus melhores tempos, homem por homem, os romanos só estavam em igualdade de condições com os bárbaros e, após séculos de paz, haviam perdido a prática de guerrear. Em nossos dias, as nações civilizadas possuem artefatos de guerra muito superiores àqueles que as tribos usavam. Nos tempos antigos, uns e outros guerreavam com espadas e lanças; a única vantagem dos romanos consistia na magistral disciplina de suas legiões. Entretanto, a disciplina havia decaído nos tempos dos últimos imperadores, e os bárbaros eram fisicamente mais fortes, mais intrépidos e mais aptos para a guerra. O mal das forças decadentes do Império Romano estava também na grave circunstância de que as legiões de seu exército eram, então, já formadas por muitos bárbaros, os quais, várias vezes, eram convocados para defender a cidade de Roma contra os seus próprios povos; e não só a maior parte das legiões, mas até generais, bem como muitos dos imperadores, procediam de raças bárbaras. Nenhuma nação que habitualmente use estrangeiros para defendê-la quando necessário poderá manter sua liberdade por muito tempo.

O Império Romano, não muito forte em seus recursos humanos, também estava enfraquecido pelas guerras civis, que duraram gerações, provocadas por vários pretendentes ao trono imperial. Os imperadores já não eram escolhidos pelo senado. Quando um deles era assassinado (como o foram na maioria), cada exército das várias províncias apresentava seu próprio candidato, e a decisão não era tomada mediante votos, mas pelas armas. Durante o espaço de noventa anos, 80 chefes foram proclamados imperadores, e cada um reclamava o trono. Em certa época, os chamados imperadores eram tantos que passaram a ser denominados "os trinta tiranos". As cidades eram saqueadas, e os exércitos, pagos de forma extravagante e exagerada. O império empobreceu por causa da sede de poder. Como resultado, as guarnições militares foram retiradas das fronteiras, a terra ficou sem defesa, à mercê dos invasores.

A causa imediata de muitas invasões foi o movimento das tribos asiáticas. Quando os bárbaros que viviam do leste das províncias européias se lançaram sobre os romanos, declararam que foram a isso forçados, pois hostes irresistíveis de guerreiros asiáticos e suas famílias lhes haviam tomado suas terras, obrigando-os a dirigir-se para o Império Romano. Esse povo é conhecido pelo nome de hunos. Não se sabe por que motivo abandonaram seu lar na Ásia Central; crê-se, contudo, que foi por causa da mudança de clima e escassez de chuva, que transformaram campos férteis em desertos. Mais tarde, os hunos, sob a orientação do feroz rei Átila, entraram em contato direto com os romanos e constituíram-se no inimigo mais terrível do império.

2. As tribos invasoras

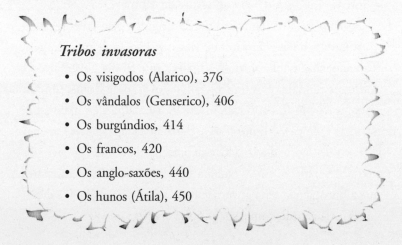

Tribos invasoras

- Os visigodos (Alarico), 376
- Os vândalos (Genserico), 406
- Os burgúndios, 414
- Os francos, 420
- Os anglo-saxões, 440
- Os hunos (Átila), 450

Considerando que o objeto de nosso estudo é a história da Igreja, e não a do Império Romano, a descrição das tribos invasoras deve merecer apenas um breve esboço. As primeiras invasões foram realizadas pelas raças que viviam no Danúbio e no mar Báltico. Os visigodos (godos do Ocidente), comandados por Alarico, invadiram a Grécia e a Itália, capturaram e saquearam Roma e estabeleceram um reino no sul da França. Os vândalos, dirigidos por Genserico, invadiram a França, conquistaram a Espanha, passaram para o norte da África e conquistaram aqueles países. Os burgúndios cruzaram o rio Reno e estabeleceram um domínio tendo como capital Estrasburgo. Os francos, uma tribo germânica, capturaram o norte da Gália e deram-lhe o nome de França. Mais tarde, um rei dos francos, chamado Clóvis, tornou-se cristão, e foi imitado por seu povo nesse gesto. Os francos ajudaram muito na conversão do norte da Europa ao cristianismo, embora às vezes empregassem a força. Os anglos e os saxões da Dinamarca e dos países do norte, vendo que a Bretanha havia sido abandonada pelas legiões romanas, realizaram invasões em gerações seguidas, até quase extinguirem o cristianismo. Somente mais tarde, o reino anglo-saxão se converteu ao cristianismo, mas mediante o trabalho de missionários de Roma.

No ano 450, os temíveis hunos, dirigidos pelo cruel rei Átila, invadiram a Itália e ameaçaram destruir não somente o Império Romano, mas também todos os países que Roma governava. Os godos, os vândalos e os francos, sob o governo de Roma, uniram-se contra os hunos e travaram então a batalha de Chalons, no norte da França. Os hunos foram derrotados, após terrível matança, e, com a morte de Átila logo depois, perderam seu poder agressivo e desapareceram. A batalha de Chalons (451) demonstrou que a Europa não seria governada por asiáticos, mas que se desenvolveria de acordo com a sua própria civilização.

3. A queda de Roma, 476

Por causa das sucessivas invasões e divisões, o outrora vasto império de Roma ficou reduzido a um pequeno território em redor da capital. No ano 476, uma tribo de germânicos, aparentemente pequena, os hérulos, liderada pelo rei Odoacro, apoderou-se de Roma, destronando o menino imperador Rômulo Augusto, mais conhecido por Augusto, o Pequeno, ou "Augústulo". Odoacro tomou o título de rei da Itália, e, desde esse ano, 476, o Império Romano do Ocidente deixou de existir. Desde a fundação de Roma até a queda do império, passaram-se mil e quinhentos anos. O Império do Oriente que tinha como capital Constantinopla, durou até o ano de 1453.

4. A Igreja e os bárbaros

Quase todas as tribos invasoras eram pagãs de origem. Os godos constituíam uma exceção, pois haviam sido convertidos ao cristianismo por Ário e tinham a Bíblia em sua própria língua, cujas porções ainda existentes formam a antiga literatura teutônica. Também é certo que quase todas as tribos conquistadoras tornaram-se cristãs, em parte por meio dos godos e em parte pelo contato com os povos entre os quais se estabeleceram. Mais tarde, os arianos chegaram a ser crentes ortodoxos.

O cristianismo dessa época decadente ainda era vivo e ativo e conquistou muitas raças invasoras. Esses povos vigorosos, por sua vez, contribuíram para a formação de uma nova raça européia. Como se vê, decaiu a influência do império, desfez-se o poder imperial de Roma, embora tenha aumentado a influência da igreja de Roma e dos papas em toda a Europa. Assim, o império caiu, mas a Igreja ainda conservava sua posição imperial.

IX. LÍDERES DO PERÍODO

1. Atanásio, 296-373

Devemos mencionar aqui alguns dos líderes da Igreja imperial nesse período. Atanásio (296-373) foi ativo defensor da fé no início do período. Já vimos como ele se levantou e se destacou na controvérsia de Ário; tornou-se a figura principal no Concílio de Nicéia, em 325, apesar de não ter direito a voto; logo depois, aos 33 anos de idade, foi escolhido bispo de Alexandria. Cinco vezes, foi exilado por causa da fé, mas lutou fielmente até o fim, terminando sua carreira com paz e com honra.

2. Ambrósio de Milão, 340-397

Ambrósio de Milão (340-397), o primeiro dos pais latinos, foi eleito bispo enquanto era ainda leigo. Conquanto não fosse batizado, recebera, então, instrução para tornar-se membro. Tanto os arianos quanto os ortodoxos notaram nele qualidades para ser bispo. Ambrósio tornou-se uma figura destacada na Igreja. Repreendeu o imperador Teodósio, por causa de um ato cruel, e obrigou-o a confessar-se e arrepender-se. Mais tarde, o próprio imperador o tratou com alta distinção, sendo indicado para pregar nos funerais desse imperador. O próprio Ambrósio foi autor de vários livros, embora a maior distinção, para ele, fora receber na Igreja o poderoso Agostinho.

3. João Crisóstomo, 345-407

João Crisóstomo, apelidado "Boca de Ouro", em razão de sua eloqüência inigualável, foi o maior pregador desse período. Nasceu em Antioquia, no ano 345. Chegou a bispo (patriarca) de Constantinopla, no ano 398, e pregou para a imensa multidão que se reunia na Catedral de Santa Sofia. Entretanto, sua fidelidade, independência, zelo reformador e coragem não agradavam à corte. João Crisóstomo foi exilado, e morreu no exílio no ano 407; sua memória, porém, foi vindicada. Seu corpo foi levado para Constantinopla e sepultado com grandes homenagens. Foi poderoso pregador, estadista e expositor competente da Bíblia.

4. Jerônimo, 340-420

Jerônimo (340-420) foi o mais erudito de todos os pais latinos. Estudou literatura e oratória em Roma. Entretanto, renunciou às honras do mundo, para viver uma vida religiosa fortemente matizada de ascetismo. Estabeleceu um mosteiro em Belém e ali viveu durante muitos anos. De seus numerosos escritos, o que teve maior influência e aceitação foi a tradução da Bíblia para o latim, obra que ficou conhecida como Vulgata Latina, isto é, a Bíblia em linguagem comum, até hoje a Bíblia autorizada pela igreja católica romana.

5. Agostinho, 354-430

O nome mais ilustre de todo esse período foi o de Agostinho, nascido no ano 354, no norte da África. Brilhante erudito, seu passado foi marcado por uma vida de devassidão. Aos 33 anos de idade, tornou-se cristão, por influência de Mônica, sua mãe, e dos ensinos de Ambrósio, bispo de Milão, e bem assim pelo estudo das epístolas de Paulo.

Agostinho foi eleito bispo de Hipona, no norte da África, no ano 395, ao tempo que começaram as invasões dos bárbaros. Dentre as muitas obras de Agostinho, destaca-se *A cidade de Deus*, na qual ele faz magnífica defesa de que o cristianismo tome o lugar do império decadente. Seu livro *Confissões* encerra as profundas revelações da sua própria vida e coração. Contudo, a fama e a influência de Agostinho estão nos seus escritos sobre a teologia cristã, da qual ele foi o maior expositor, desde o tempo de Paulo. Agostinho morreu no ano 430.

Perguntas para revisão

- Mencione as seis primeiras subdivisões do período da Igreja imperial.
- Qual é o sétimo tema?
- Qual o fato que ajudou a Igreja e seus bispos a alcançarem o poder?
- Qual a autoridade apostólica invocada para justificar suas reivindicações?
- Que condições da Igreja contribuíram para seu avanço e o crescimento dos bispos?
- Qual o efeito causado pela mudança da capital?
- Qual era a situação aparente do império sob o governo de Constantino?
- Qual era a verdadeira situação?
- Mencione quatro motivos das invasões dos bárbaros.
- Mencione também as sete conquistas dos bárbaros, de onde procedia cada uma e qual a parte do império afetada.
- Quando terminou o Império Romano do Ocidente e quem o extinguiu?
- De que forma as invasões afetaram a Igreja e suas relações?
- Mencione cinco dos grandes líderes da Igreja durante esse período.
- Relate a vida e a influência de cada líder.

Esboço dos capítulos 12-17

QUARTO PERÍODO GERAL — A IGREJA MEDIEVAL

Da queda de Roma, 476,
à queda de Constantinopla, 1453

I. CRESCIMENTO DO PODER PAPAL (Capítulo 12)

1. Período de crescimento, 590-1073
   a. Fortalecimento da justiça
   b. Incertezas do governo secular
   c. Firmeza do governo da Igreja
   d. As "fraudes pias"
      (1) A falsa doação de Constantino
      (2) Decretais Pseudo-Isidorianas
      (3) Evidências de fraude
2. Período culminante, 1073-1216
   a. O governo de Hildebrando (Gregório VII)
      (1) Reforma do clero
      (2) Separação entre Igreja e Estado
      (3) Supremacia da Igreja
   b. O governo de Inocêncio III, 1198-1216
      (1) Suas afirmações
      (2) Eleição do imperador
      (3) Governo em Roma
      (4) Submissão do rei da França
      (5) Submissão do rei da Inglaterra

3. Período de decadência

   a. Bonifácio VIII, 1303

   b. "Cativeiro babilônico", 1305-1377

   c. Concílio de Constança, 1414

II. O APARECIMENTO DO PODER ISLÂMICO (Capítulo 13)

1. Seu fundador, Maomé, 570-632

2. Sua religião

3. O progresso do islamismo

4. Seus elementos de poder

5. Aspectos favoráveis do islamismo

   a. Simplicidade de doutrina

   b. Oposição à adoração de imagens

   c. Recusa da mediação sacerdotal e dos santos

   d. Abstinência de bebidas alcoólicas

   e. Promoção da literatura e da ciência

6. Aspectos desfavoráveis do islamismo

   a. A conversão por meio da conquista

   b. A religião secularizada

   c. O conceito de Deus

   d. O conceito de Cristo

   e. O conceito de céu

   f. A degradação da mulher

   g. Incapacidade para governar

III. O SACRO IMPÉRIO ROMANO (Capítulo 14)

1. Seu fundador, Carlos Magno, 742-814

2. O império
3. Grandes imperadores
   a. Henrique, o Passarinheiro, 919-936
   b. Oto, o Grande, 951-973
   c. Frederico Barbarroxa, 1152-1190
   d. Frederico II, 1196-1250
   e. Rodolfo de Habsburgo, 1273-1291
   f. Carlos V, 1519-1556
4. Imperadores e papas
5. Decadência e queda do império

IV. A SEPARAÇÃO DAS IGREJAS LATINA E GREGA, 1054

V. AS CRUZADAS, 1095-1270 (Capítulo 15)

1. Sua origem
2. As sete cruzadas
   a. Primeira cruzada, 1095-1099 — Pedro, o Eremita; Godofredo de Bouillon
   b. Segunda cruzada, 1147-1149 — Luís VII (França), Conrado III (imperador)
   c. Terceira cruzada, 1188-1192 — Frederico (imperador), Filipe Augusto (França), Ricardo I (Inglaterra)
   d. Quarta cruzada, 1201-1204 — Constantinopla é tomada
   e. Quinta cruzada, 1228-1229 — Frederico II (imperador)
   f. Sexta cruzada, 1248-1254 — Luís IX
   g. Sétima cruzada, 1270-1272 — Luís IX, príncipe Eduardo (Inglaterra)
3. Causas do fracasso
4. Resultados positivos das cruzadas
   a. Proteção aos peregrinos

b. Repressão das agressões muçulmanas

c. Melhor relação entre as nações

d. Impulso ao comércio

e. Efeitos sobre o poder eclesiástico

VI. O DESENVOLVIMENTO DA VIDA MONÁSTICA (Capítulo 16)

1. As ordens monásticas

   a. Beneditinos, 529 — São Bento

   b. Cistercienses, 1098 — São Roberto e São Bernardo

   c. Franciscanos, 1209 — São Francisco

   d. Dominicanos, 1215 — São Domingos

2. Alguns benefícios da vida monástica

   a. Centros de paz

   b. Hospitalidade

   c. Abrigo aos indefesos

   d. Agricultura

   e. Literatura

   f. Educação

   g. Missões

3. Alguns males resultantes da vida monástica

   a. Exaltação do celibato

   b. Efeitos sobre a vida social e nacional

   c. Luxúria e imoralidade

   d. Obtenção de contribuições por meio de extorsão

VII. ARTE E LITERATURA MEDIEVAIS

1. Universidades

2. Catedrais, literatura e arte

VIII. Início da reforma religiosa (Capítulo 17)

1. Albigenses, 1170
2. Valdenses, 1170
3. John Wycliffe, 1329-1384
4. John Huss, 1369-1415
5. Jerônimo Savonarola, 1452-1498

IX. A queda de Constantinopla, 1453

X. Estudiosos e líderes

1. Anselmo, 1033-1109
2. Abelardo, 1079-1142
3. Bernardo de Claraval, 1090-1153
4. Tomás de Aquino, 1225-1274

QUARTO PERÍODO GERAL

12

A IGREJA MEDIEVAL — PRIMEIRA PARTE

*Da queda de Roma, 476,
à queda de Constantinopla, 1453*

No período a ser considerado, que durou quase mil anos, nosso interesse se dirigirá para a igreja ocidental, ou latina, cuja sede de autoridade estava em Roma, que continuava a ser a cidade imperial, apesar de seu poder político haver desaparecido. Pouca atenção dispensaremos à igreja grega, governada de Constantinopla, exceto quando seus assuntos se relacionarem com a história do cristianismo europeu. Não relacionamos os acontecimentos por ordem cronológica, mas examinaremos os grandes movimentos, muitas vezes paralelamente uns com os outros.

I. CRESCIMENTO DO PODER PAPAL

O fato mais notável nos dez séculos da Idade Média foi o desenvolvimento do poder papal. Já observamos em capítulos anteriores que o papa de Roma afirmava ser "bispo universal" e chefe da Igreja. Agora o veremos reclamando a posição de governante de nações, acima de reis e imperadores. Esse desenvolvimento teve três períodos: crescimento, culminância e decadência.

1. Período de crescimento, 590-1073

O período de crescimento do poder papal começou com o pontificado de Gregório I, o Grande, e teve o apogeu no tempo de Gregório VII, mais conhecido por Hildebrando. É bom notar que, desde o princípio, cada papa, ao assumir o cargo, mudava de nome; Gregório VII foi o único papa cujo nome próprio (Hildebrando) se destacou na história depois de sua ascensão à cadeira papal. Acerca de Gregório I, conta-se que, ao ver alguns escravos em Roma de cabelos louros e olhos azuis, perguntou quem eram. Disseram-lhe, então, que eram *"angli"*, isto é, "ingleses", ao que ele respondeu: *"Non angli, sed angeli"* (ou seja, "Ingleses, não; anjos"). Mais tarde, quando foi eleito papa, enviou missionários à Inglaterra a fim de cristianizar o povo. Gregório expandiu o domínio de sua Igreja objetivando a conversão das nações da Europa que ainda se conservavam pagãs, conseguindo levar a fé aos visigodos arianos da Espanha.

Gregório resistiu com êxito às pretensões do patriarca de Constantinopla, que desejava o título de bispo universal. Tornou a Igreja praticamente governadora da província nas vizinhanças de Roma, preparando, assim, caminho para a conquista do poder temporal. Também desenvolveu certas doutrinas na igreja romana, especialmente a adoração de imagens, o purgatório e a transubstanciação, isto é, a crença de que na missa ou comunhão o pão e o vinho se transformam miraculosamente em verdadeiro corpo e sangue de Cristo. O papa Gregório foi um dos fortes defensores da vida monástica, havendo sido ele mesmo um dos monges da época. Foi um dos administradores mais competentes da história da igreja romana, e por isso mereceu o título de Gregório, o Grande.

Sob o governo de uma série de papas, durante alguns séculos, a autoridade do pontificado romano aumentou e, em geral, era

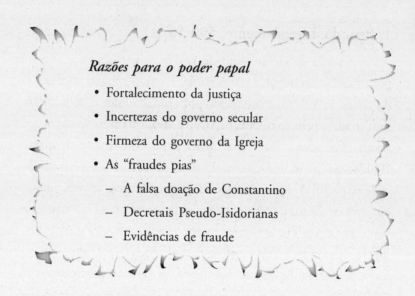

Razões para o poder papal
- Fortalecimento da justiça
- Incertezas do governo secular
- Firmeza do governo da Igreja
- As "fraudes pias"
  - A falsa doação de Constantino
  - Decretais Pseudo-Isidorianas
  - Evidências de fraude

reconhecida. São várias as razões para justificar o crescente poder papal. Uma das razões por que o governo da sede romana era tão amplamente aceito no início desse período explica-se pelo fato de que a influência dos papas era sentida principalmente no fortalecimento da justiça. A Igreja se pôs entre os príncipes e seus súditos, a fim de reprimir a tirania e a injustiça, para proteger os fracos e exigir os direitos do povo. Nos palácios dos governantes, mais de um governante foi obrigado a receber a esposa que repudiara sem causa e a observar pelo menos as formas exteriores da decência, por imposição dos papas. Houve, é certo, muitas exceções, como papas que cortejavam reis e príncipes ímpios. Contudo, de modo geral, o papado, no início da Idade Média, era favorável aos governos justos e honestos.

As rivalidades e as incertezas dos governos seculares estavam em acentuado contraste com a firmeza e uniformidade do governo da Igreja. Durante quase todos aqueles séculos, a Europa viveu em condições dissolventes, pois os governantes erguiam-se e caíam, lutava um castelo contra outro, enfim não havia autoridade completa e duradoura. O antigo império caíra no século V, e a Europa esteve à beira do caos até o século IX, quando o império de Carlos Magno se estabeleceu. Quase todos os seus sucessores foram homens fracos; muitos deles procuraram o auxílio de Roma e dispuseram-se a fazer concessões de poder a fim de obtê-lo. Uma vez conquistado o poder que pertencera ao Estado, a Igreja o mantinha firmemente.

Enquanto o governo dos Estados vacilava e mudava sucessivamente, o império da Igreja permanecia cada vez mais forte. Durante esses séculos de instabilidade, a Igreja era a única instituição sólida. As reclamações de domínio por parte de Roma eram quase sempre apoiadas pelo clero, desde o arcebispo até o sacerdote mais humilde. Durante a Idade Média, como veremos depois, o monasticismo cresceu por toda parte. Monges e abades uniam-se aos padres e bispos na luta pela conquista do poder. A Igreja possuía fortes aliados em toda parte, que jamais falhavam na defesa de seus interesses.

Ainda que pareça estranho, o fato é que, na Idade Média, uma série de "fraudes pias" foram divulgadas a fim de manter o prestígio e a autoridade de Roma. Numa época científica e de homens inteligentes, essas fraudes seriam investigadas, desaprovadas e desacreditadas. Entretanto, a erudição da Idade Média não entrava no terreno da crítica. Ninguém duvidava dos documentos que circulavam amplamente e eram aceitos por todos, e por meio deles as afirmações de Roma eram sustentadas. Passaram-se vários séculos antes que alguém demonstrasse que esses documentos se baseavam em falsidade, e não na verdade.

Um desses documentos fraudulentos foi a "Doação de Constantino". Muito tempo depois da queda do Império Romano na Europa, circulou tal documento com o propósito de demonstrar que Constantino, o primeiro imperador cristão, havia dado ao bispo de Roma, Silvestre I (314-335), autoridade suprema sobre todas as províncias européias do império e proclamado esse bispo como governador até mesmo de imperadores. O documento apresentava como razão e principal motivo da mudança da capital de Roma para Constantinopla o fato que o imperador não permitia a nenhum governante permanecer em Roma como rival do papa.

Contudo, o documento de maior influência da série fraudulenta foi o que passou a ser conhecido como "Decretais Pseudo-Isidorianas", publicado no ano 850. Afirmava-se que eram decisões adotadas pelos primeiros bispos de Roma, desde os apóstolos. Nesse documento, apresentavam as maiores reivindicações, tais como a supremacia absoluta do papa de Roma sobre a Igreja universal; a independência da Igreja em relação ao Estado; a inviolabilidade do clero em todos os aspectos, a ponto de se lhes reconhecer o direito de não prestarem contas ao Estado, declarando que nenhum tribunal secular poderia julgar questões pertinentes ao clero e à Igreja.

Em épocas de ignorância e na ausência de crítica, esses documentos foram aceitos sem contestação, e durante centenas de anos constituíram-se num baluarte para as reivindicações de Roma. Ninguém duvidou da autenticidade desses documentos até o século XII, quando já estava a Igreja ancorada no poder. Somente com o despertar da Reforma, no século XVI, foram examinados esses documentos e ficou provada a fraude. Algumas das evidências da fraude são as seguintes:

A linguagem empregada não era o latim antigo dos séculos I e II, e sim uma língua corrompida e mista usada nos séculos VIII e IX. Os nomes e as condições históricas a que se referiam os documentos não eram os mesmos do império, mas exatamente iguais aos que eram usados na Idade Média. As freqüentes citações eram da Vulgata Latina, quando todos sabem que essa versão da Bíblia somente apareceu depois do ano 400. Uma carta que fazia parte desses documentos dizia que fora escrita por Vítor, bispo de Roma no ano 200, a Teófilo, bispo de Alexandria, que viveu no ano 400. Imagine-se o disparate das datas. Que pensariam, em nossa era, de uma carta enviada pela rainha Elizabeth II a George Washington?

O crescimento do poder papal, apesar de sempre estar em ascensão, não era constante. Houve alguns príncipes que se opuseram ao poder papal, assim como governantes fracos que se submeteram sem reservas. Também houve papas fracos e papas perversos, principalmente entre os anos 850 e 1050, que desonraram e desacreditaram seu cargo mesmo durante os tempos de sua mais elevada supremacia.

2. Período culminante, 1073-1216

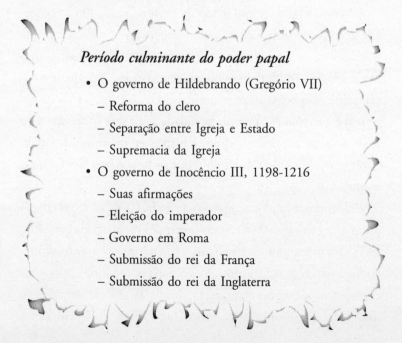

Período culminante do poder papal
- O governo de Hildebrando (Gregório VII)
  - Reforma do clero
  - Separação entre Igreja e Estado
  - Supremacia da Igreja
- O governo de Inocêncio III, 1198-1216
  - Suas afirmações
  - Eleição do imperador
  - Governo em Roma
  - Submissão do rei da França
  - Submissão do rei da Inglaterra

O período culminante do poder papal foi entre os anos 1073 e 1216, em que exerceu poder quase absoluto, não somente na Igreja, mas também sobre as nações da Europa.

Essa elevada posição foi conquistada durante o governo de Hildebrando, o único papa mais conhecido pelo seu nome próprio do que pelo nome de papa Gregório VII, que escolheu ao assumir o cargo. Antes de usar a tríplice coroa papal, Hildebrando governou realmente a Igreja, como poder por trás do trono, durante um período de vinte anos; depois, durante o governo papal, até a sua morte, no ano de 1085.

Ele reformou o clero, que se havia corrompido, e interrompeu, ainda que por pouco tempo, o exercício da simonia, isto é, a compra de posições na Igreja. Elevou as normas de moralidade de todo o clero e exigiu o celibato dos sacerdotes, que, embora houvesse sido defendido, não vigorava até então.

Libertou a Igreja da influência do Estado, pondo fim à nomeação de papas e bispos pelos reis e imperadores, e decretou que qualquer acusação contra os sacerdotes e as relacionadas com a Igreja seriam julgadas por tribunais eclesiásticos. Até aquela data, era costume o bispo receber um cajado e um anel do rei ou do príncipe governante, jurando fidelidade a seu senhor secular. Isso praticamente significava que os bispos eram nomeados pelo governante. Hildebrando proibiu que os bispos fizessem tal juramento.

Hildebrando impôs a supremacia da Igreja sobre o Estado. O imperador Henrique IV, havendo-se ofendido com o papa Gregório, convocou um sínodo de bispos alemães induzindo-os (ou compelindo-os) a votar pela deposição do papa. Gregório, então, vingou-se com a excomunhão de Henrique IV e isentou todos os seus súditos da lealdade ao imperador. Henrique IV viu-se totalmente impotente face à punição do papa. Por essa razão, no mês de janeiro de 1077, o imperador, "pondo de lado todas as possessões reais, com os pés descalços e vestido de lã, permaneceu três dias de pé à porta do castelo do papa",[1] em Canossa, no norte da Itália, a fim de fazer ato de submissão e receber o perdão papal. Acrescente-se, porém, que, logo que Henrique IV recuperou o poder, declarou guerra ao papa e retirou-o de Roma. O papa Hildebrando morreu pouco depois, fazendo esta declaração: "Amei a justiça e aborreci a iniqüidade, por isso morro no exílio". Seu triunfo, porém, foi maior do que a sua derrota.

Gregório VII não desejava abolir o governo do Estado, mas que este fosse subordinado ao governo da Igreja. Aspirava a que o poder secular governasse o povo, mas sob a elevada jurisdição do reino espiritual, como ele o compreendia.

Outro papa cujo governo demonstrou elevado grau de poder foi Inocêncio III (1198-1216). Ele fez esta declaração no discurso de sua posse: "O sucessor de São Pedro ocupa uma posição intermediária entre Deus e o homem. É inferior a Deus, mas superior ao homem. É juiz de todos, mas não é julgado por ninguém".

Numa de suas cartas, Inocêncio escreveu que ao papa "havia sido entregue não somente toda a Igreja, mas também o mundo inteiro", com "o direito de dispor finalmente da coroa imperial e de todas as outras coroas". Eleito aos 37 anos para ocupar o lugar de papa, no correr dos anos sustentou com êxito essas grandes pretensões.

Inocêncio III elegeu Oto de Brunswick para desempenhar as funções de imperador, o qual declarou publicamente que alcança-

---

[1] São palavras do próprio Gregório VII, ao comentar o acontecimento. Essa é a origem da expressão "ir a Canossa", que significa submissão ao papa e à Igreja.

ra a coroa "pela graça de Deus e da sede apostólica". Em virtude de insubordinação, Oto foi deposto e outro imperador foi eleito. O papa assumiu o governo da cidade de Roma, decretando leis para os seus funcionários, figurando ele próprio como chefe. Na verdade, com esse ato, estabeleceu um Estado sob o governo direto do papado, governo que foi o precursor dos "Estados da Igreja". O papa obrigou o licencioso Filipe Augusto, rei da França, a aceitar novamente a esposa, da qual se divorciara injustamente. Excomungou o rei João I de Inglaterra (conhecido por João Sem Terra) e obrigou-o a entregar a coroa ao legado papal e a recebê-la de novo, mas como súdito do papa. Inocêncio III pode ser considerado o maior de todos os papas em poder autocrático. Contudo, não teria possuído tal autoridade não fora a grandeza alcançada por Hildebrando, seu predecessor.

3. Período de decadência

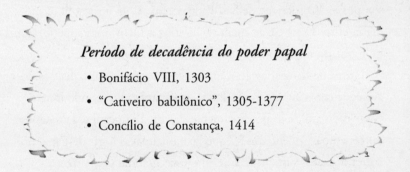

Período de decadência do poder papal
- Bonifácio VIII, 1303
- "Cativeiro babilônico", 1305-1377
- Concílio de Constança, 1414

Enquanto a Europa saía do crepúsculo da Idade Média, e a lealdade nacional se levantava para competir com a eclesiástica, começou a decadência do poder papal, com Bonifácio VIII, em 1303. Ele, sem dúvida, possuía pretensões tão elevadas quanto as de seus predecessores, mas não era obedecido. Bonifácio proibiu o rei da

Inglaterra de promulgar leis de impostos sobre as propriedades da Igreja e sobre receitas ou tesouros sacerdotais, mas foi obrigado a recuar, embora em forma de tratado, em que os sacerdotes e bispos "davam" parte do que recebiam para os gastos do reino. Questionou com Filipe, o Formoso, da França, o qual lhe declarou guerra, apoderou-se do papa e encarcerou-o. Apesar de mais tarde haver sido libertado, morreu logo depois, de tristeza. A partir de 1305, durante mais de setenta anos, todos os papas foram escolhidos sob as ordens dos reis da França e estavam submissos à vontade deles.

O período de 1305 a 1377 é conhecido como "cativeiro babilônico". Por ordem do rei da França, a sede do papado foi transferida de Roma para Avignon, no sul da França. Os papas tornaram-se títeres sob o controle do governo francês. Outros aspirantes ao papado surgiram em Roma, e por toda parte havia papas e antipapas em vários países. As ordens papais eram desrespeitadas; as excomunhões não eram levadas a sério. Eduardo III, por exemplo, ordenou ao legado papal que abandonasse o seu reino.

No ano de 1377, o papa reinante, Gregório XI, voltou a Roma, e em 1414 foi realizado o Concílio de Constança a fim de decidir as reclamações de quatro papas existentes. Aconteceu então que o concílio depôs os quatro e escolheu um novo papa. Desde 1378, os papas continuaram a morar em Roma, alimentando pretensões tão elevadas como sempre aconteceu, mas incapazes de implementá-las.

Perguntas para revisão

- Qual foi o fato mais evidente na história da Igreja durante a Idade Média?
- Em que se diferenciavam as reclamações do papa dos primeiros séculos e as da Idade Média? Quais foram as três épocas desse desenvolvimento?

- Quais foram os anos da primeira época do poder papal?
- Entre que papas no trono se deu esse período?
- Qual papa foi intitulado "o Grande"? Mencione alguns dos atos por ele praticados.
- Cite quatro motivos ou causas do crescimento do poder papal.
- Quais são algumas das fraudes consideradas "pias", cometidas durante essa época?
- Defina e explique cada uma dessas fraudes.
- Quais as provas que mais tarde revelaram essa falsidade?
- Qual o papa que governava quando as reclamações papais chegavam ao máximo?
- Mencione alguns atos desse papa.
- Em quais governos e em que acontecimentos o papa foi vitorioso?
- Que significa a expressão "ir a Canossa"?
- Que outro papa exerceu também autoridade suprema e em que época?
- Quais eram algumas de suas afirmações?
- Sobre quais governantes exerceu poder?
- O que levou ao declínio do poder papal?
- Qual o papa que teve de constatar por experiência própria ter havido uma mudança nas relações do papado com os governos das nações?
- O que ficou conhecido como "cativeiro babilônico" e quando isso ocorreu?
- Como se encerrou esse período?

13

A Igreja medieval — segunda parte

Crescimento do poder islâmico

II. O APARECIMENTO DO PODER ISLÂMICO

O movimento que agora chama a nossa atenção é a religião e o império fundados por Maomé, no início do século VII, o qual tomou, uma após outra, várias províncias (nações) dos imperadores gregos que reinavam em Constantinopla, até a sua extinção. Esse movimento impôs à igreja oriental uma sujeição de escravatura, ao mesmo tempo que ameaçava conquistar toda a Europa. Após treze séculos desde seu aparecimento, a fé islâmica, ou maometana, tem milhões e milhões de adeptos em todo o mundo e continua a crescer, especialmente no continente africano.

1. Seu fundador, Maomé, 570-632

O fundador do islamismo foi Maomé, nascido em Meca, Arábia, no ano 570. Iniciou sua carreira como profeta e reformador no ano 610, aos 40 anos de idade. No início, o movimento começado por Maomé conquistou poucos discípulos, contudo alcançou o suficiente para sofrer perseguições. Maomé fugiu da cidade de

Meca em 622 e sua fuga, a hégira, fornece a data em que se baseia o calendário maometano. O profeta Maomé alcançou pleno êxito na conquista das tribos árabes, impondo-lhes a sua religião. Voltou à cidade de Meca como conquistador. Quando morreu, no ano 632, Maomé era profeta e governador reconhecido por toda a Arábia.

2. Sua religião

O nome "Islã" significa "submissão", isto é, obediência à vontade de Deus. Os seguidores de Maomé chamam-se muçulmanos, pois eles mesmos jamais usam o nome "maometano" que lhes foi dado por outros povos. Os artigos de fé, base de sua religião, são os seguintes: há um só Deus, ao qual chamam Alá, palavra de origem comum com a similar hebraica "Eloí"; todos os acontecimentos, bons e maus, são preordenados por Deus, e, como conseqüência, em cada ato estão fazendo a vontade de Deus; há multidões de anjos bons e maus, que, embora invisíveis, estão constantemente em contato com os homens; Deus fez sua revelação no Alcorão, uma série de mensagens transmitidas a Maomé por meio do anjo Gabriel, apesar de não haverem sido coletadas senão depois da morte do profeta; Deus enviou profetas inspirados aos homens; dentre esses profetas, destacam-se Adão, Moisés e Jesus e, sobre todos eles, Maomé; todos os profetas bíblicos, os apóstolos cristãos e os santos que viveram antes de Maomé são reconhecidos e adotados pelos muçulmanos; no futuro haverá uma ressurreição final, o julgamento, e o céu ou o inferno para os homens.

3. O progresso do islamismo

A princípio, Maomé dependia de influências morais ao pregar a sua mensagem. Depressa, porém, mudou seus métodos, fez-se guerreiro, conduzindo seus unidos e ferozes árabes a conquistar os incréus. Apresentou a cada povo e tribo árabe a alternativa de escolher entre o islamismo, pagar tributo ou morte àqueles que resistissem às suas armas. A Palestina e a Síria foram facilmente conquistadas pela força, e os lugares santos do cristianismo ficaram sob o poder do islamismo.

Província após província, o império greco-romano foi conquistado, ficando apenas Constantinopla. Dessa forma, todos os países do cristianismo primeiro foram feitos súditos de Maomé. Onde os cristãos se submetiam, era-lhes permitida a adoração sob restrições. No Oriente, o império dos califas estendia-se além da Pérsia até a Índia. Sua capital era Bagdá, nas margens do Tigre. Para o Ocidente, as conquistas incluíam o Egito, todo o norte da África e a maior parte da Espanha. Quase todo esse vasto império foi conquistado durante os cem anos após a morte de Maomé. Entretanto, seu avanço na Europa Ocidental foi contido no sul da França por Carlos Martelo, que uniu várias tribos dissidentes sob a liderança dos francos e obteve a vitória decisiva em Tours, no ano 732. Não fora a batalha de Tours, e, provavelmente, toda a Europa haveria sido um continente islâmico, e a meia-lua teria substituído a cruz.

4. Seus elementos de poder

Eis aqui uma pergunta interessante: por que será que a religião e as armas do islamismo triunfaram sobre o mundo oriental? Vamos enumerar algumas das razões. Os primeiros crentes em Maomé eram guerreiros árabes ferozes, jamais vencidos por nenhum inimigo estrangeiro. Eles seguiam o seu profeta com inteira e sincera crença de tudo conquistar. Acreditavam estar cumprindo a vontade de Deus e que, por isso mesmo, estavam predestinados a triunfar. Acreditavam que todo devoto do islamismo que perecesse na luta contra os incrédulos estava destinado a entrar, imediatamente, no paraíso de prazer sensual. Em contraste com esse espírito invencível, viril e conquistador, estava a natureza pacífica, submissa e débil dos greco-asiáticos. Desde séculos remotos, essas terras se haviam submetido pacificamente aos conquistadores. O povo havia perdido o vigor, preferindo render-se a usar a espada e pagar tributo em vez de defender a sua liberdade. Grande número da população do império grego compunha-se de monges e eclesiásticos dispostos a orar mas não a lutar.

5. Aspectos favoráveis do islamismo

A religião do Islã era bem melhor do que o paganismo que destronara na Arábia e na parte oriental da península. Deve-se admitir que o islamismo era mais forte do que o tipo de cristianismo que encontrou e venceu. A igreja oriental, ao contrário da igreja ocidental, havia cessado seus esforços missionários, perdido sua energia e inclinava-se para a especulação, em vez de esforçar-se moral e espiritualmente.

Na religião de Maomé, em seu grau mais elevado encontravam-se, e ainda se encontram, alguns aspectos favoráveis, elementos de valor para o mundo. Um desses aspectos era a simplicidade da doutrina. Criam num só Deus, ao qual todos os homens devem obedecer implicitamente. Não possuíam um sistema de teologia intrincado e misterioso que dera lugar a controvérsias intermináveis e inúteis. Não havia necessidade de erudição para entender os artigos da fé maometana.

Outro aspecto do islamismo era a oposição à adoração de imagens. Em todos os países cristãos, as estátuas dos deuses e deusas da antiga Grécia cederam lugar às imagens da Virgem Maria e dos santos, que eram adorados em todos os templos. Os muçulmanos, por onde passavam, as lançavam fora, destruíam e denunciavam como idolatria qualquer adoração às imagens, quer fossem esculpidas, quer fossem pintadas. Os muçulmanos também recusavam qualquer mediação sacerdotal ou dos santos. Naqueles dias, as igrejas cristãs admitiam que a salvação não dependia da fé pura e simples em Cristo, e sim dos ritos sacerdotais e da intercessão dos santos. Os muçulmanos repudiaram essas coisas e, em suas doutrinas, procuravam levar todas as almas diretamente a Deus.

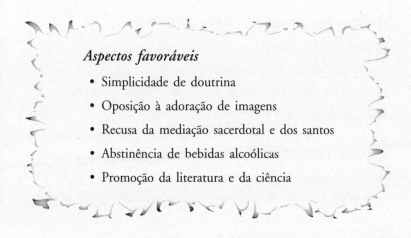

Aspectos favoráveis
- Simplicidade de doutrina
- Oposição à adoração de imagens
- Recusa da mediação sacerdotal e dos santos
- Abstinência de bebidas alcoólicas
- Promoção da literatura e da ciência

Em todo o mundo muçulmano, é regra a abstinência de bebidas fortes. A primeira "sociedade de temperança" da história do mundo foi a dos nazireus de Israel; seus sucessores em maior escala estavam na religião de Maomé, que proibia a seus fiéis tomar vinho ou licores embriagantes. Esse é ainda um princípio entre os muçulmanos de hoje, embora não universalmente praticado, sobretudo por aqueles em contato com os europeus.

No período antigo, sob os governos dos califas, tanto a literatura como a ciência tiveram grande avanço. Foram os muçulmanos que nos deram a numeração arábica, que teve grande vantagem sobre a numeração do sistema romano por meio de letras. No campo da astronomia, os árabes fizeram reconhecer uma das primeiras classificações das estrelas. As cortes dos califas de Bagdá eram centros literários. A Espanha sob o governo maometano estava mais desenvolvida em cultura e civilização do que os reinos cristãos da península. Entretanto, todo o progresso intelectual cessou quando os turcos bárbaros sucederam os ilustres sarracenos como chefes do movimento maometano.

6. Aspectos desfavoráveis do islamismo

A fim de não tornar o quadro do islamismo mais favorável do que a verdade possa aprovar, também deveremos fixar os pontos em que o islamismo falhou, isto é, seus erros e malefícios. Seu primeiro erro contra a humanidade consistiu no método de esforço missionário pelo poder da espada, implantando entre os homens o ódio. Onde quer que uma cidade resistisse à sua conquista, os homens eram mortos à espada, as mulheres eram levadas para os haréns dos vencedores, e as crianças, educadas na fé islâmica. Durante muitos séculos, foi costume entre os turcos tomar milhares de crianças cristãs para criá-las em países distantes, como muçulmanos fanáticos.

O antigo conceito islâmico de Estado e religião era o da unicidade e total cumplicidade entre as duas instituições. O governo deveria empregar todo o seu poder, até onde fosse possível, para o crescimento da verdadeira religião e supressão da falsa. Antes da Primeira Guerra Mundial (1914-1918), o sultão da Turquia era também califa (sucessor de Maomé). Quando a Turquia

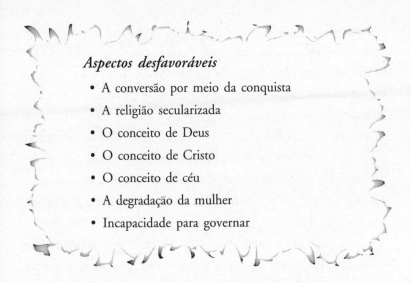

Aspectos desfavoráveis
- A conversão por meio da conquista
- A religião secularizada
- O conceito de Deus
- O conceito de Cristo
- O conceito de céu
- A degradação da mulher
- Incapacidade para governar

se transformou em república, o sultão foi destronado, e o califado foi abolido. Outras transformações aconteceram com a modernização da Turquia. Um fato significativo foi a tradução do Alcorão para o vernáculo.

O conceito maometano de Deus baseia-se mais no Antigo Testamento do que no Novo. Para a mentalidade árabe, Deus é como um déspota oriental, implacável e temível, sem amor para com a humanidade, a não ser para com os seguidores de Maomé, o profeta.

O islamismo praticamente deixa a pessoa de Cristo fora do seu sistema de doutrina. No conceito islâmico, Cristo não é o Senhor do reino celestial, nem o Filho de Deus, nem o Salvador do mundo, mas apenas um profeta judeu, inferior, em todos os sentidos, a Maomé.

O conceito islâmico do céu e da morada dos bem-aventurados na vida futura é inteiramente destituído de espiritualidade e inteiramente sensual.

Uma das características mais humilhantes da religião maometana era a degradação da mulher. As mulheres eram consideradas apenas escravas ou objetos para o divertimento do homem. A Turquia remediou essa situação, pois garantiu às mulheres o direito de votar e de serem votadas nas eleições municipais. Com exceção da Turquia, as nações islâmicas têm a mulher em pouca consideração.

No terreno da história e da política, talvez o mais destacado fracasso do Estado islâmico esteja demonstrado na administração nacional. Os muçulmanos eram maravilhosos, quase miraculosos, nas suas conquistas, levando de vencida irresistivelmente os povos desde a China até a Espanha. Entretanto, não demonstraram poder para estabelecer um governo justo e sábio nos impérios que fundaram. Os países islâmicos eram os que possuíam os piores governos em todo o mundo. Se confrontarmos a história dos turcos com a dos romanos, no campo da administração, veremos que os romanos não somente souberam conquistar um grande império, mas também sabiam administrá-lo, levando o progresso a todas as nações que conquistavam.

Perguntas para revisão

- Que grande religião apareceu na Idade Média?
- Quem foi seu fundador?
- Que se pode dizer de sua existência?
- Que significa o termo "hégira"?
- Mencione seis grandes pontos da doutrina e fé islâmicas.
- Faça um relato de seu êxito inicial.
- Quais as alternativas que os conquistadores impunham às nações?
- Mencione os países orientais invadidos pelos muçulmanos.
- Quais os países ocidentais conquistados por eles?

- Em que data, em que lugar e que chefe impediu o avanço dos muçulmanos?
- Quais foram os elementos de poder que contribuíram para o êxito do islamismo?
- Quais eram as condições do mundo oriental naquela época?
- Mencione alguns bons aspectos do islamismo.
- Qual a sua atitude com bebidas alcoólicas?
- Em que falhou o islamismo?

14

A Igreja medieval — Terceira parte

O Sacro Império Romano
A separação das igrejas latina e grega

III. O SACRO IMPÉRIO ROMANO

Desde o século X até o século XIX, existiu na Europa uma organização política singular, que demonstrou possuir características diferentes nas várias gerações. O nome oficial dessa organização era Sacro Império Romano. Ainda que de forma comum, porém incorreta, era denominado Império Germânico. Até a sua aparição, a Europa situada a oeste do mar Adriático vivia em completa desordem, governada por tribos guerreiras, em vez de Estados. Apesar de tudo, em meio a tanta confusão, o antigo conceito romano de ordem e unidade permanecia como aspiração por um império que ocupasse o lugar do Império Romano, que, mesmo desaparecido, ainda era tradicionalmente venerado.

1. Seu fundador, Carlos Magno, 742-814

Na última etapa do século VIII, levantou-se um dos maiores homens de todos os tempos, Carlos Magno (742-814). Era neto de Carlos Martelo, o vencedor da batalha de Tours (732). Carlos Magno, rei dos francos, uma tribo germânica que dominava uma grande parte da França, constituiu-se em senhor de quase todos os países da Europa Ocidental, norte da Espanha, França, Alemanha, Países Baixos, Áustria e Itália, em verdade, um império. Ao visitar a cidade de Roma, no dia de Natal do ano 800, Carlos Magno foi coroado pelo papa Leão III como Carlos Augusto, imperador romano, e, assim, considerado succssor de Augusto, Constantino e dos antigos imperadores romanos. Carlos Magno reinou sobre todo o vasto domínio com sabedoria e poder. Era reformador, conquistador, legislador, protetor da educação e da Igreja.

2. O império

Somente por um pouco de tempo, a autoridade de seu império foi efetiva na Europa. A fraqueza e a incapacidade dos descendentes de Carlos Magno, o desenvolvimento dos vários países, dos idiomas, dos conflitos provocados por interesses regionais fizeram a autoridade do Sacro Império Romano ou Germânico limitar-se a oeste pelo Reno. Até mesmo na Alemanha, os pequenos Estados tornaram-se praticamente independentes; guerreavam uns com os outros e a maior parte do tempo apenas nominalmente estavam sob o domínio do imperador. O imperador era reconhecido como chefe titular do cristianismo europeu. Na França, na Inglaterra e nos Estados escandinavos, o imperador era honrado, mas não obedecido. Pelo fato de sua autoridade ter-se limitado à Alemanha e em pequena escala à Itália, o reino foi comumente chamado de Império Germânico.

3. Grandes imperadores

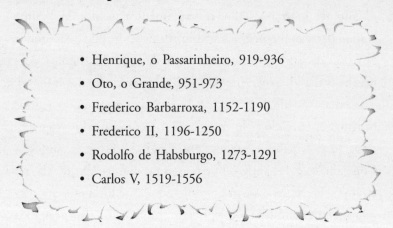

- Henrique, o Passarinheiro, 919-936
- Oto, o Grande, 951-973
- Frederico Barbarroxa, 1152-1190
- Frederico II, 1196-1250
- Rodolfo de Habsburgo, 1273-1291
- Carlos V, 1519-1556

Mais tarde, quando os sucessores de Carlos Magno perderam o trono, o imperador era eleito por um corpo de eleitores formado por sete príncipes. Dos 54 imperadores, somente mencionaremos os mais importantes: Henrique I (o Passarinheiro), 919-936, iniciou a restauração do império que havia decaído, mas seu filho, Oto I (Oto, o Grande), apesar de não haver sido coroado senão no ano 951, é considerado o verdadeiro fundador do Sacro Império Romano, isto é, como uma entidade e distinto do Império Romano. O reinado do Oto I estendeu-se até 973. Frederico Barbarroxa foi um dos imperadores mais poderosos nessa sucessão. Participou da terceira cruzada, mas afogou-se na Ásia Menor, e sua morte fez a expedição fracassar.

Frederico II, neto de Barbarroxa, foi chamado "a maravilha e o enigma da História; ilustre e progressista, o homem mais liberal de sua época", em suas idéias políticas e religiosas. Foi excomungado duas vezes pelo papa, mas na quinta cruzada proclamou-se rei de Jerusalém.

Rodolfo de Habsburgo, fundador da casa da Áustria, recebeu a coroa imperial no ano de 1273, quando esse ato não tinha maior significado do que um título qualquer e sem valor. Entretanto, obrigou os príncipes e barões a submeterem-se à sua autoridade. A partir de então, a Áustria era o Estado mais poderoso da confederação germânica, e quase todos os imperadores foram descendentes do fundador da casa da Áustria. Carlos V, imperador no tempo do início da Reforma (1519-1556), era também herdeiro da Áustria, da Espanha e dos Países Baixos. Fez o que pôde, embora não tenha conseguido manter sob o domínio da antiga religião todos os países que governava. No ano de 1556, abdicou voluntariamente e passou os dois últimos anos de sua vida afastado de todos.

4. Imperadores e papas

Durante muitos séculos, a história do império registrou forte rivalidade e até mesmo guerras entre papas e imperadores; imperadores lutando para governar o império. Já vimos como o papa Gregório VII (Hildebrando), certa ocasião, exigiu a submissão de um imperador, e como Inocêncio III nomeava e destituía imperadores e reis. Contudo, a luta tornou-se menos intensa e cessou depois da Reforma, quando se fixaram as linhas divisórias entre a Igreja e o Estado.

5. Decadência e queda do império

Quando o reino da Áustria se tornou importante, os imperadores cuidavam mais de seus domínios. As muitas províncias do império alcançaram quase que a independência completa, de modo que o título de imperador tinha o significado de um título honorífico ou pouco mais do que isso. No século XVIII, o engenhoso Voltaire declarou que "o Sacro Império Romano não era sacro nem romano, nem era império". A sucessão de imperadores terminou no ano de 1806, quando Napoleão alcançou o clímax do poder. Nesse ano, Francisco II foi obrigado a renunciar ao título de imperador do Sacro Império Romano e assumiu o título de "imperador da Áustria".

IV. A SEPARAÇÃO DAS IGREJAS LATINA E GREGA, 1054

A separação das igrejas grega e latina realizou-se formalmente no século XI, ainda que praticamente se tivesse efetuado muito tempo antes. As relações normais entre papas e patriarcas, durante séculos, caracterizaram-se por embates, até que, finalmente, em 1054, o mensageiro do papa pôs sobre o altar da Igreja de Santa Sofia, em Constantinopla, o decreto de excomunhão. Por sua vez, o patriarca expediu decreto de excomunhão de Roma e das igrejas que se submetessem ao papa. Desde então, as igrejas latina e grega conservaram-se separadas, não reconhecendo uma a existência eclesiástica da outra. A maioria das questões que deram causa à separação são consideradas triviais em nossos dias. Entretanto, durante séculos, elas foram temas de violentas controvérsias e, às vezes, de perseguições cruéis.

Doutrinariamente, a principal diferença consistia na doutrina conhecida como "a procedência do Espírito Santo". Os latinos afirmavam que "o Espírito Santo procede do Pai e do Filho" — em latim, *filioque*. Os gregos, por sua vez, declaravam que procedia "do Pai", deixando fora a palavra *filioque*. Acerca dessa palavra, realizaram-se intermináveis debates, escreveram-se livros em abundância e até mesmo sangue foi derramado nessa amarga contenda.

Nas cerimônias da igreja oriental e da igreja ocidental, os usos e costumes eram diferentes, e alguns deles transformaram-se em lei. O casamento dos sacerdotes foi proibido na igreja ocidental, enquanto na igreja oriental foi sancionado. Atualmente, na igreja grega, qualquer sacerdote do povo (que tem o título de "pope", equivalente a "padre" entre os católicos romanos) deve ser casado. Nas igrejas ocidentais, a adoração de imagens é praticada há mais de mil anos, enquanto nas igrejas gregas não se encontram imagens de escultura, mas apenas quadros. Contudo, os quadros são imagens em alto-relevo ou em baixo-relevo, estimados com profunda reverência.

No ritual da missa, o pão sem fermento (a hóstia) é usado nas igrejas romanas, ao passo que nas igrejas gregas é servido pão comum. Como protesto contra a observância judaica de guardar o sétimo dia, surgiu a prática do jejum aos sábados no Ocidente, mas jamais esse costume foi observado no Oriente. Mais tarde, porém, o dia de jejum católico romano foi transferido para as sextas-feiras, o dia da crucificação do Senhor.

Contudo, uma influência mais profunda do que essas diferenças cerimoniais, que provocou a separação das igrejas latina e grega, foi a causa política da separação ou independência da Europa do trono de Constantinopla, com o estabelecimento do Sacro Império Romano (ano 800). Mesmo depois da queda do antigo império de Roma, em 476, o espírito imperial ainda exercia influência, e os novos reinos dos bárbaros — godos, francos e outras raças —, de uma forma um tanto vaga, teoricamente se considerava sob o governo ou domínio de Constantinopla. No entanto, quando o Sacro Império Romano foi estabelecido por Carlos Magno, tomou o lugar do antigo império, e era separado e independente dos imperadores de

Constantinopla. Um Estado independente necessitava de uma Igreja independente.

Entretanto o fator decisivo e poderoso que levou à separação foram as contínuas reclamações de Roma, alegando ser a sua Igreja dominante e insistindo em que o papa era "o bispo universal". Em Roma, a Igreja pouco a pouco dominava o Estado. Em Constantinopla, a Igreja continuava submissa ao Estado. Diante dessas circunstâncias, era inevitável o rompimento entre as duas Igrejas de conceitos opostos. A separação definitiva das duas grandes divisões da Igreja, como já vimos, aconteceu em 1054.

Perguntas para revisão

- Qual o sistema de governo que apareceu na Idade Média?
- Qual era a situação da Europa antes que esse governo aparecesse?
- Quanto tempo durou?
- Quem foi o seu fundador?
- Quando viveu ele?
- Que se diz de seus antecessores e de sua carreira?
- Como foi ele feito imperador?
- Qual foi o caráter desse imperador como governante?
- Qual o fato que determinou uma limitação da autoridade imperial?
- Mencione os nomes de seis importantes imperadores.
- Faça algumas referências a cada um desses imperadores.
- Quais as relações entre os papas e os imperadores?
- Quais as razões da queda do poder imperial?
- Que disse do império um genial homem francês?
- Quando terminou esse império?

- Qual foi o último imperador?
- Como se efetuou a divisão entre os grandes ramos da Igreja?
- Qual foi a causa doutrinal que causou a separação?
- Quais os quatro costumes diferentes entre o Oriente e o Ocidente?
- Como a reclamação de uma igreja levou à separação?

15

A Igreja medieval — quarta parte

As cruzadas

V. AS CRUZADAS, 1095-1270

1. Sua origem

Outro grande movimento da Idade Média, sob a inspiração e mandado da Igreja, foram as cruzadas, que se iniciaram no fim do século XI e prolongaram-se por quase trezentos anos. Desde o século IV até aqueles dias, numerosas peregrinações à terra santa foram organizadas. O número de peregrinos aumentou de modo considerável no ano 1000, quando era crença quase universal que nesse ano se daria o grande evento da segunda vinda de Jesus. Apesar de tal acontecimento não se haver realizado nessa data, as peregrinações continuaram.

A princípio, as peregrinações eram facilitadas pelos governantes muçulmanos da Palestina. Contudo, mais tarde foram reprimidas, e os peregrinos eram roubados e até mesmo mortos. Ao mesmo tempo, o debilitado Império do Oriente estava ameaçado pelos muçulmanos. Foi por isso que o imperador Aleixo solicitou ao papa Urbano II que lhe enviasse guerreiros da Europa para ajudá-lo. Nesse tempo, manifestou-se na Europa o desejo de libertar a terra santa do domínio maometano. Desse impulso, surgiram as cruzadas.

2. As sete cruzadas

- Primeira cruzada, 1095-1099 — Pedro, o Eremita; Godofredo de Bouillon
- Segunda cruzada, 1147-1149 — Luís VII (França), Conrado III (imperador)
- Terceira cruzada, 1188-1192 — Frederico (imperador), Filipe Augusto (França), Ricardo I (Inglaterra)
- Quarta cruzada, 1201-1204 — Constantinopla é tomada
- Quinta cruzada, 1228-1229 — Frederico II (imperador)
- Sexta cruzada, 1248-1254 — Luís IX
- Sétima cruzada, 1270-1272 — Luís IX, príncipe Eduardo (Inglaterra)

As principais cruzadas foram em número de sete, além de muitas outras expedições de menor importância, às quais se dá também o nome de cruzada. A primeira cruzada foi anunciada pelo papa Urbano II, no ano 1095, no Concílio de Clermont, quando então elevado número de cavaleiros receberam a cruz como insígnia e se alistaram para combater os sarracenos. Antes que a expedição principal fosse inteiramente organizada, um monge chamado Pedro, o Eremita, convocou uma multidão de cerca de 40 mil pessoas sem experiência e sem disciplina e enviou-as ao Oriente, esperando ajuda miraculosa para aquela multidão. Mas a desprovida e desorganizada multidão fracassou; muitos de seus membros foram mortos e outros foram feitos escravos.[1]

Entretanto, a primeira e verdadeira cruzada foi integrada por 275 mil dos melhores guerreiros de todos os países da Europa. Era chefiada por Godofredo de Bouillon e outros chefes. Depois de sofrerem muitos contratempos, principalmente por falta de disciplina e por desentendimentos entre os dirigentes, conseguiram tomar a cidade de Jerusalém e quase toda a Palestina, em 1099. Estabeleceram então um reino sobre princípios feudais. Havendo Godofredo recusado o título de rei, foi nomeado "barão e defensor do Santo Sepulcro". Com a morte de Godofredo, seu irmão Balduíno tomou o título de rei. (O reino de Jerusalém duraria até o ano de 1187, apesar de haver estado constantemente em condições difíceis, cercado por todos os lados, com exceção do mar, pelo império dos sarracenos, e por estar muito distante de seus aliados naturais, na Europa.)

A segunda cruzada (1147-1149) foi convocada em virtude das notícias segundo as quais os sarracenos estavam conquistando as províncias adjacentes ao reino de Jerusalém, e a própria cidade de Jerusalém estava ameaçada. Sob a influência da pregação do piedoso Bernardo de Claraval, Luís VII da França e Conrado III da Alemanha conduziram um grande exército em socorro dos lugares santos. Enfrentaram muitas derrotas, mas, finalmente, alcançaram a cidade. Não conseguiram recuperar o território perdido, mas conseguiram adiar por uma geração a queda final do reino.

Em 1187, Jerusalém foi retomada pelos sarracenos sob as ordens de Saladino, e o reino de Jerusalém chegou ao fim, apesar de

---

[1]   A história de Pedro, o Eremita, baseia-se em argumentos duvidosos cuja veracidade é questionada por historiadores modernos.

o título "rei de Jerusalém" ter sido usado ainda por muito tempo.
A queda da cidade de Jerusalém despertou a Europa para organizar a terceira cruzada (1188-1192), a qual foi dirigida por três soberanos proeminentes: Frederico Barbarroxa, da Alemanha, Filipe Augusto, da França, e Ricardo I, "Coração de Leão", da Inglaterra. Entretanto, Frederico, o melhor general e estadista, morreu afogado, e os outros dois desentenderam-se. Filipe Augusto voltou à sua pátria, e toda a coragem de Ricardo não foi suficiente para conduzir seu exército até Jerusalém. Contudo, fez um acordo com Saladino, a fim de que os peregrinos cristãos tivessem o direito de visitar o Santo Sepulcro sem serem molestados.

A quarta cruzada (1201-1204) foi um completo fracasso, porque causou grandes prejuízos à Igreja cristã. Os cruzados (componentes das cruzadas) afastaram-se do propósito de conquistar a terra santa e fizeram então guerra à Constantinopla, conquistaram-na, saquearam-na e impuseram seu próprio governo ao Império Grego, governo que durou cinqüenta anos. Entretanto, não cuidaram da defesa do império e deixaram-no desprotegido, um insignificante baluarte para enfrentar o crescente poder dos turcos seljúcidas, raça de guerreiros não civilizados, que sucederam os sarracenos no poder maometano dominante depois do término do período das cruzadas.

Na quinta cruzada (1228), o imperador Frederico II, apesar de excomungado pelo papa, conduziu um exército até a Palestina e conseguiu um tratado no qual as cidades de Jerusalém, Haifa, Belém e Nazaré eram cedidas aos cristãos. Sabendo que nenhum sacerdote o coroaria (pois estava sob a excomunhão papal), Frederico coroou a si mesmo rei de Jerusalém. Por esse motivo, o título "rei de Jerusalém" foi usado por todos os imperadores germânicos e, depois, pelos da Áustria até o ano de 1835. Por causa da contenda do papa com Frederico II, os resultados da cruzada não foram aproveitados.

A cidade de Jerusalém foi novamente tomada pelos maometanos em 1244, e desde então permaneceu sob o seu domínio.[2]

A sexta cruzada (1248-1254) foi empreendida pelo rei Luís IX, da França (canonizado depois, pela igreja católica, como São Luís). Ele invadiu a Palestina através do Egito. Apesar de haver alcançado algumas vitórias a princípio, foi derrotado e aprisionado pelos maometanos. Depois foi resgatado por elevada soma e permaneceu na Palestina até o ano de 1252, quando a morte de sua mãe, que ficara em seu lugar como regente, o obrigou a voltar à França.

A sétima cruzada (1270-1272) teve também a liderança de Luís IX, juntamente com o príncipe Eduardo Plantagenet, da Inglaterra, que veio a ser Eduardo I. A rota escolhida para a cruzada foi novamente a África, mas Luís IX morreu na Tunísia. Seu filho propôs a paz, e Eduardo voltou à Inglaterra a fim de ocupar o trono. Esta é, geralmente, considerada a última cruzada, cujo fracasso foi total.

Houve ainda cruzadas de menor importância, embora nenhuma delas mereça menção especial. Na verdade, a partir do ano de 1270, qualquer guerra realizada em favor da Igreja era considerada cruzada, ainda que tais guerras fossem contra os "hereges" em países cristãos.

3. Causas do fracasso

As cruzadas fracassaram no propósito de libertar a terra santa do domínio dos maometanos. Um olhar retrospectivo indicará as causas do fracasso. É fácil notar um fato em cada uma das cruzadas: reis e príncipes que chefiavam tais empreendimentos estavam sempre em desacordo. Cada qual estava mais preocupado com os interesses

---

[2] No dia 8 de dezembro de 1817, a cidade de Jerusalém se rendeu ao exército inglês e no dia 11 do mesmo mês o general britânico entrou na cidade e tomou posse oficial, em nome de seu governo e das forças aliadas.

próprios do que com a causa comum. Invejavam-se uns aos outros e temiam que o êxito proporcionasse influência e fama ao rival. Contra o esforço dividido que havia no meio das cruzadas, estava um povo unido, valente, uma raça valorosa na guerra sob as ordens absolutas de um comandante, quer se tratasse de um califa, quer de um sultão.

A causa maior e mais profunda do fracasso foi, sem dúvida, a falta de um estadista entre os chefes das cruzadas. Nenhum deles possuía visão ampla e transcendente. O que desejavam era obter resultados imediatos. Não compreendiam que, para fundar e manter um reino na Palestina a milhares de quilômetros de distância de seus países, eram necessárias comunicações constantes com a Europa Ocidental, e bem assim uma base de provisões e reforço contínuo. A conquista da Palestina era uma intromissão, e não uma libertação.

O povo da terra santa foi praticamente escravizado pelos cruzados; como escravos, eram obrigados a construir castelos, fortalezas e palácios para seus odiados senhores. Acolheram com satisfação o regresso de seus primeiros governantes muçulmanos, pois, mesmo que o jugo deles fosse pesado, ainda assim era mais leve do que o dos reis cristãos de Jerusalém.

4. Resultados positivos das cruzadas

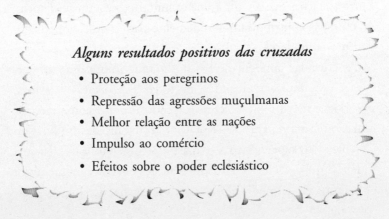

Alguns resultados positivos das cruzadas

- Proteção aos peregrinos
- Repressão das agressões muçulmanas
- Melhor relação entre as nações
- Impulso ao comércio
- Efeitos sobre o poder eclesiástico

Apesar do fracasso em manter um reino cristão na Palestina, ainda assim a Europa obteve alguns bons resultados das cruzadas. É que, depois de cessadas as expedições, os peregrinos cristãos eram protegidos pelo governo turco. Na verdade, o país prosperou, e as cidades de Belém, Nazaré e Jerusalém cresceram em população e riqueza por causa das caravanas de peregrinos que visitavam a Palestina, sob a garantia e segurança dos governantes turcos.

Depois das cruzadas, as agressões muçulmanas na Europa foram reprimidas. A experiência desses séculos de lutas despertou a Europa para o perigo do islamismo. Os espanhóis animaram-se a fazer guerra aos mouros que dominavam a metade da península. Comandados por Fernando e Isabel, os espanhóis, em 1492, venceram o reino mourisco e expulsaram os maometanos do país. Na fronteira oriental da Europa, a Polônia e a Áustria estavam alertas, de modo que em 1683 fizeram retroceder a invasão turca, numa violenta batalha travada próximo à cidade de Viena. Essa vitória marcou o início da decadência do poder do Império Turco.

Outro bom resultado alcançado pelas cruzadas foi um melhor conhecimento das nações entre si. Não somente os governantes e chefes, mas também cavaleiros e soldados dos diferentes países começaram a conhecer-se e a reconhecer os interesses comuns. Entre as nações, nasceu um respeito mútuo, e fizeram-se alianças. As cruzadas contribuíram grandemente para o desenvolvimento da Europa moderna.

As cruzadas também deram um grande impulso ao comércio. A procura de mercadoria de todas as espécies — armas, provisões e navios — fez crescer a indústria e o comércio. Os cruzados levaram para a Europa o conhecimento das riquezas do Oriente, seus tapetes, sedas e jóias, e o comércio estendeu-se a toda a Europa Ocidental. Os mercadores enriqueceram; surgiu então uma classe média entre os senhores e os vassalos. As cidades progrediram e aumentaram seu poder, e os castelos começaram a perder a ascendência que exerciam sobre elas. Nos séculos seguintes, as cidades transformaram-se em centros de liberdade e reformas, sacudindo, assim, o domínio autoritário tanto dos príncipes como dos prelados.

O poder eclesiástico aumentou consideravelmente ao se iniciar o movimento das cruzadas. As guerras eram convocadas pela Igreja, que, dessa forma, demonstrava seu domínio sobre príncipes e nações. Além disso, a Igreja adquiria terras dos cruzados ou adiantava dinheiro aos que oferecessem suas terras como garantia. Foi dessa forma que a Igreja aumentou suas possessões em toda a Europa. Na ausência dos governantes temporais, os bispos e os papas aumentavam seu domínio. No fim, porém, de tudo isso as grandes riquezas, a ambição dos sacerdotes e o uso sem escrúpulo que faziam do poder despertaram o descontentamento e ajudaram a preparar o caminho para o levante contra a igreja católica romana, isto é, a Reforma.

Perguntas para revisão

- Qual a série de guerras que se sucederam na Idade Média?
- Qual foi a causa dessas guerras?
- Quantas cruzadas são mencionadas?
- Relate a história, mencione os nomes dos chefes e apresente o resultado da primeira cruzada.
- Mencione a data, os chefes e os nomes proeminentes da segunda cruzada. Quem se destacou na terceira cruzada e qual foi o resultado?
- Relate os resultados da quarta cruzada, bem como da quinta, sexta e sétima cruzadas. Por que fracassaram?
- Quais os bons resultados alcançados com as cruzadas?

16
A IGREJA MEDIEVAL — QUINTA PARTE

O desenvolvimento da vida monástica
Arte e literatura medievais

VI. O DESENVOLVIMENTO DA VIDA MONÁSTICA

Já vimos em capítulos anteriores a origem da vida monástica, nas cavernas no norte do Egito, durante o século IV. Na Europa, o movimento monástico a princípio desenvolveu-se de modo lento, mas na Idade Média esse movimento desenvolveu-se grandemente entre os homens e também entre as mulheres. O número de monges e de freiras aumentou consideravelmente, com resultados positivos e negativos.

1. As ordens monásticas

No Oriente, os ascetas antigos viviam separados, cada qual em sua própria caverna, cabana ou coluna. Entretanto, na Europa Ocidental formavam comunidades e viviam juntos. Com o crescimento dessas comunidades, tornava-se necessária alguma forma de organização ou governo, de modo que nesse período surgiram quatro grandes ordens.

Ordens monásticas

- Beneditinos, 529 — São Bento
- Cistercienses, 1098 — São Roberto e São Bernardo
- Franciscanos, 1209 — São Francisco
- Dominicanos, 1215 — São Domingos

A primeira dessas ordens foi a dos beneditinos, fundada por São Bento, em 529, em Monte Cassino, entre Roma e Nápoles. Essa ordem tornou-se, na época, a maior de todas as ordens monásticas da Europa, e no início de sua existência promoveu a evangelização e a civilização do norte. Suas regras exigiam obediência ao superior do mosteiro, a renúncia a todos os bens materiais, e bem assim a castidade pessoal. Essa ordem era muito operosa. Cortava bosques, secava e saneava pântanos, lavrava os campos e ensinava ao povo muitos ofícios úteis. Muitas das ordens fundadas posteriormente são ramificações da ordem dos beneditinos ou então surgiram como conseqüência dela.

Os cistercienses surgiram em 1098, com o objetivo de fortalecer a disciplina dos beneditinos, que se relaxava. Seu nome deve-se à cidade francesa de Citeaux, onde a ordem foi fundada por São Roberto. Em 1112, foi reorganizada e fortalecida por São Bernardo de Claraval. Essa ordem deu ênfase às artes, à arquitetura e, especialmente, à literatura, copiando livros antigos e escrevendo outros novos.

A ordem dos franciscanos foi fundada em 1209 por São Francisco de Assis, um dos homens mais santos, mais devotos e mais amados. Da Itália, a ordem dos franciscanos espalhou-se rapidamente por toda a Europa, tornando-se, mais tarde, a mais numerosa de todas as ordens. Diz a História que a peste negra, praga que se espalhou por toda a Europa no século XIV, matou mais de 124 mil monges franciscanos, enquanto prestavam auxílio aos moribundos e enfermos. Por causa da cor do hábito que usavam, tornaram-se conhecidos como os "frades cinzentos".

Os dominicanos formavam uma ordem espanhola, fundada por São Domingos, em 1215, que também se estendeu por toda a Europa. Os dominicanos e os franciscanos diferenciavam-se dos membros de outras ordens, pois eram pregadores, iam por toda parte com o intuito de fortalecer a fé dos crentes e opunham-se às tendências "heréticas", sendo eles, mais tarde, os maiores perseguidores dos mesmos "hereges". Os dominicanos ficaram conhecidos como os "frades negros", por se vestirem de preto. Juntamente com os franciscanos, eram chamados "frades mendicantes", porque dependiam para o próprio sustento das esmolas que recolhiam de porta em porta. Além dessas ordens, havia ordens semelhantes para mulheres.

2. Alguns benefícios da vida monástica

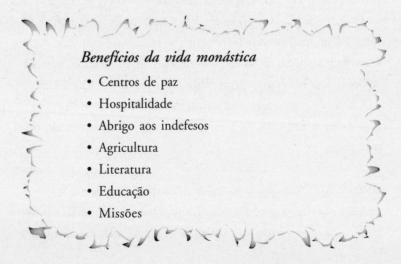

Benefícios da vida monástica
- Centros de paz
- Hospitalidade
- Abrigo aos indefesos
- Agricultura
- Literatura
- Educação
- Missões

Todas essas ordens ascetas foram fundadas com nobres propósitos, por homens e mulheres que se sacrificaram por elas. A influência das ordens em parte foi boa e em parte foi má. No início, cada ordem monástica era um benefício para a sociedade. Vamos mencionar alguns dos bons resultados do monasticismo.

Durante os séculos de guerra e de quase anarquia, havia centros de paz e quietude nos mosteiros, nos quais aqueles que estivessem em dificuldade ou perigo encontravam abrigo. Os mosteiros davam hospedagem aos viajantes, aos enfermos e aos pobres. Tanto os modernos hotéis como os hospitais desenvolveram-se por influência dos mosteiros. Freqüentemente, os mosteiros e os conventos serviam de abrigo e proteção aos indefesos, sobretudo às mulheres e crianças. Os mosteiros antigos, tanto da Grã-Bretanha como do continente, desenvolveram a agricultura. Os monges dedicavam-se ao saneamento, a secar pântanos, a canalizar águas, a construir estradas e a cultivar a terra.

Nas bibliotecas dos mosteiros, guardavam-se muitas das mais antigas obras da literatura clássica e cristã. Os monges copiavam livros, escreviam biografias de personalidades importantes, crônicas do seu tempo e histórias do passado. Algumas das obras mais importantes, como os cânticos de São Bernardo e *Imitação de Cristo*, de Tomás de Kempis, foram fruto dos mosteiros. Sem as obras históricas escritas nos mosteiros, a Idade Média teria passado em branco. Os monges eram os principais professores da juventude, praticamente os únicos. Quase a totalidade das universidades e escolas da Idade Média foi criada nas abadias e nos mosteiros.

Na expansão do evangelho, os monges serviram como missionários. Entravam em contato com os bárbaros e os convertiam à religião cristã. Entre eles, conta-se Santo Agostinho (não o teólogo), que foi de Roma à Inglaterra (597), e também São Patrício, que iniciou a evangelização da Irlanda, no ano 431; esses são alguns dos muitos missionários monásticos.

3. Alguns males resultantes da vida monástica

> *Males da vida monástica*
> - Exaltação do celibato
> - Efeitos sobre a vida social e nacional
> - Luxúria e imoralidade
> - Obtenção de contribuições por meio de extorsão

Apesar dos bons resultados que emanaram do sistema monástico, houve também péssimas conseqüências. Algumas delas manifestaram-se ainda quando as instituições estavam em franco crescimento; contudo, acentuaram-se no último período, quando o monasticismo degenerou, perdendo o fervor inicial, seus ideais elevados e a disciplina. Entre esses males, contam-se os seguintes:

O monasticismo apresentava o celibato como a vida mais elevada, o que não é natural e contrário às Escrituras. Impôs a adoção da vida monástica a milhares de homens e mulheres das classes nobres da época. Os lares e as famílias foram, assim, constituídos não pelos melhores homens e mulheres, mas por aqueles de ideais inferiores, já que o monasticismo enclausurava os melhores elementos, que não participavam da família, nem da vida social, nem da vida cívica nacional. Tanto em tempos de guerra como em tempos de paz, os homens mais capazes e necessários ao Estado estavam inativos, nos mosteiros. Afirmam alguns que Constantinopla e o Império do Oriente poderiam haver-se defendido contra os turcos se os monges que viviam nos conventos tivessem pegado em armas para defender o seu país.

O crescimento da riqueza dos mosteiros levou à indisciplina, à luxúria, à ociosidade e à imoralidade. Muitos conventos transformaram-se em antros de iniqüidade. A cada nova ordem que surgia procurava-se fazer reformas, mas seus membros degeneravam para os mais baixos níveis de conduta. Inicialmente os mosteiros eram mantidos pelo trabalho de seus ocupantes. Mais tarde, porém, o trabalho cessou quase por completo, e monges e freiras mantinham-se com a renda das propriedades, que aumentavam constantemente, mediante as contribuições que se impunham à força às famílias, ricas e pobres. Todas as propriedades e bens de raiz das casas monásticas estavam isentos de impostos. Desse modo, encargos cada vez mais pesados, e que finalmente se tornaram insuportáveis, eram impostos à sociedade que vivia fora dos conventos. A ganância dos mosteiros provocou sua extinção.

No início da Reforma do século XVI, os mosteiros de todo o norte da Europa estavam tão desmoralizados no conceito do povo que foram suprimidos, e os que neles habitavam foram obrigados a trabalhar para se manterem.

VII. ARTE E LITERATURA MEDIEVAIS

A esse período, chamou-se "idade do obscurantismo". Contudo, essa época também deu ao mundo algumas das maiores realizações naquilo que há de melhor na vida.

1. Universidades

Durante a Idade Média, fundaram-se quase todas as grandes universidades, iniciadas principalmente por eclesiásticos e com origem nas escolas ligadas às catedrais e aos mosteiros. Entre essas universidades, figuram a de Paris, que no século XI, sob a orientação de Abelardo, tinha milhares de alunos, as universidades de

Oxford, de Cambridge e de Bolonha, nas quais estudavam alunos de todos os países da Europa.

2. Catedrais, literatura e arte

Todas as grandes catedrais da Europa, essas maravilhas de arquitetura gótica que o mundo moderno admira, sem poder sobrepujar nem ao menos igualar, foram desenhadas e construídas no período medieval. O despertar da literatura teve início na Itália com a famosa obra *A divina comédia*, de Dante, iniciada no ano de 1303, logo seguida pelos escritos de Petrarca (1340) e de Boccaccio (1360).

No mesmo país e na mesma época, iniciou-se o despertamento da arte, com Giotto, em 1298, seguido por uma série de grandes pintores, escultores e arquitetos. Devemos lembrar que, sem exceção, os pintores antigos usavam a sua arte para servir à Igreja. Seus quadros, apesar de se encontrarem atualmente em galerias e em exposições, a princípio estavam em igrejas e mosteiros.

Perguntas para revisão

- Mencione os cinco temas já considerados no período da Igreja medieval.
- Apresente os cinco temas constantes do capítulo que estamos estudando.
- Como se originou o monasticismo?
- Qual era a diferença principal entre o monasticismo oriental e o ocidental?
- Mencione as quatro ordens principais de monges na Europa.
- Faça um relato da primeira ordem mencionada.
- Qual foi a origem da segunda ordem?

- Qual a origem da terceira?
- Qual a origem da quarta?
- Quais foram alguns dos benefícios do sistema monástico?
- Quais foram os males ocasionados por essa ordem?
- Qual foi o desenvolvimento da arte e da literatura na Idade Média?

17

A Igreja medieval — sexta parte

Início da reforma religiosa
A queda de Constantinopla
Estudiosos e líderes

VIII. INÍCIO DA REFORMA RELIGIOSA

Durante este período, especialmente no seu ocaso, manifestaram-se réstias de luz religiosa, presságios da futura Reforma. Cinco grandes movimentos de reformas surgiram na Igreja; contudo, o mundo não estava preparado para recebê-los, de modo que foram reprimidos com sangrentas perseguições.

1. Albigenses, 1170

Os albigenses ou cátaros, "puritanos", conseguiram proeminência no sul da França, por volta do ano de 1170. Eles rejeitavam a autoridade da tradição, distribuíam o Novo Testamento e opunham-se às doutrinas romanas do purgatório, à adoração de imagens e às pretensões sacerdotais, apesar de terem algumas idéias estranhas relacionadas com os antigos maniqueus e rejeitarem o Antigo Testamento. O papa Inocêncio III, em 1208, mobilizou uma "cruzada" contra eles, e a seita foi dissolvida com o assassínio de quase toda a população da região, tanto a católica como a considerada herética.

2. Valdenses, 1170

Os valdenses apareceram na mesma época, em 1170, com Pedro Valdo, um comerciante de Lyon que lia, explicava e distribuía as Escrituras, com as quais contestava os costumes e as doutrinas dos católicos romanos. Pedro Valdo fundou uma ordem de evangelistas, "os pobres de Lyon", que viajavam pelo centro e sul da França, ganhando adeptos. Foram cruelmente perseguidos e expulsos da França; contudo, encontraram abrigo nos vales do norte da Itália. Apesar dos séculos de perseguições, eles permaneceram firmes e, atualmente, constituem parte do pequeno grupo de protestantes na Itália.

3. John Wycliffe, 1329-1384

John Wycliffe iniciou um movimento na Inglaterra a favor da libertação do domínio do poder romano e da reforma da Igreja. Wycliffe nasceu em 1329 e educou-se na Universidade de Oxford, onde alcançou o lugar de doutor em teologia e chefe dos conselhos que dirigiam aquela instituição. Atacava os frades mendicantes e o sistema monástico. Recusava-se a reconhecer a autoridade do papa e opunha-se a ela na Inglaterra. Escreveu contra a doutrina da transubstanciação, considerando o pão e o vinho meros símbolos. Insistia em que os serviços divinos na igreja fossem mais simples, isto é, de acordo com o modelo do Novo Testamento. Se ele fizesse isso em outro país, certamente teria sido logo martirizado. Contudo, na Inglaterra, era protegido pelos nobres mais influentes. Mesmo depois que algumas de suas doutrinas foram condenadas pela universidade, ainda assim lhe foi permitido voltar à sua paróquia em Lutterworth e continuar como clérigo, sem ser molestado. Seu maior trabalho foi a tradução do Novo Testamento para o inglês, terminada em 1380. O Antigo Testamento, no qual foi ajudado por alguns amigos, foi publicado em 1384, ano de sua morte. Os discípulos de Wycliffe foram chamados "lolardos" e chegaram a ser numerosos. Entretanto, no tempo de Henrique IV e Henrique V, foram intensamente perseguidos e, por fim, exterminados. A pregação de Wycliffe e sua tradução da Bíblia, sem dúvida, prepararam o caminho para a Reforma.

4. John Huss, 1369-1415

John Huss, da Boêmia (nascido em 1369 e martirizado em 1445), foi um dos leitores dos escritos de Wycliffe, pregou as mesmas doutrinas e, especialmente, proclamou a necessidade de libertação da autoridade papal. Chegou a ser reitor da Universidade de Praga e, durante algum tempo, exerceu uma influência marcante em toda a Boêmia. O papa excomungou John Huss e determinou que a cidade de Praga ficasse sujeita à censura eclesiástica enquanto ele morasse ali. Huss, então, retirou-se para lugar ignorado. Entretanto, de seu esconderijo enviava cartas confirmando suas idéias. Ao fim de dois anos, consentiu em comparecer ao Concílio de Constança, realizado em Baden, na fronteira da Suíça, havendo para isso recebido um salvo-conduto do imperador Sigismundo. O acordo, porém, foi violado, o salvo-conduto não foi aceito, sob a alegação de que "não se deve ser fiel a hereges". Assim, Huss foi condenado e queimado em 1415. No entanto, sua atividade e condenação foram elementos decisivos na Reforma em sua terra natal e influenciaram a Boêmia, por muitos séculos, desde então.

5. Jerônimo Savonarola, 1452-1498

Jerônimo Savonarola, nascido em 1452, foi um monge dominicano, em Florença, Itália, e chegou a ser prior do Mosteiro de São Marcos. Pregava, tal qual um dos profetas antigos, contra os males sociais, eclesiásticos e políticos de seu tempo. A grande catedral enchia-se até transbordar de multidões ansiosas não só em ouvi-lo, mas também para obedecer aos seus ensinos. Durante muito tempo, foi praticamente o ditador de Florença, onde efetuou evidente reforma. Finalmente foi excomungado pelo papa. Foi preso, condenado e enforcado, e seu corpo, queimado na praça de Florença. Seu martírio deu-se em 1498, apenas dezenove anos antes que Lutero pregasse as teses na porta da catedral de Wittenberg.

IX. A QUEDA DE CONSTANTINOPLA, 1453

A queda de Constantinopla, em 1453, foi assinalada pelos historiadores como a linha divisória entre os tempos medievais e os tempos modernos. O Império Grego nunca se recuperou da conquista de Constantinopla pelos cruzados em 1204. Entretanto, as fortes defesas naturais e artificiais protegeram durante muito tempo a cidade de Constantinopla contra os turcos, que sucederam os árabes como poder maometano dominante.

Província após província do grande império foi tomada, até ficar somente a cidade de Constantinopla, que por fim, em 1453, foi conquistada pelos turcos sob as ordens de Maomé II. Num só dia, a Igreja de Santa Sofia foi transformada em mesquita, e Constantinopla tornou-se a cidade dos sultões e a capital do Império Turco, situação que perdurou até 1920. Depois da Primeira Guerra Mundial, Ancara foi declarada a capital turca. A igreja grega continua com seu patriarca, despojado de tudo, menos de sua autoridade eclesiástica, com residência em Constantinopla (Istambul). Com a queda de Constantinopla, em 1453, terminou o período da Igreja medieval.

X. ESTUDIOSOS E LÍDERES

Vamos mencionar, ainda que brevemente, alguns dos estudiosos e líderes no período que estudamos. Durante os mil anos da Igreja medieval, levantaram-se muitos homens de valor, embora nos limitemos a citar apenas quatro deles como líderes intelectuais da época.

1. Anselmo, 1033-1109

Anselmo nasceu em 1033, no Piemonte, Itália; era um erudito, como tantos outros homens de seu tempo, que vagava por vários países. Anselmo fez-se monge do Mosteiro de Bec, na Normandia, e alcançou o cargo de abade, em 1078. Foi nomeado arcebispo de Canterbury e primaz da Igreja na Inglaterra por Guilherme Rufus, em 1093. Contudo, lutou contra Guilherme e contra seu sucessor, Henrique I, por causa da liberdade e autoridade da Igreja, e acabou exilado durante um tempo. Escreveu várias obras teológicas e filosóficas, sendo por isso chamado "o segundo Agostinho". Morreu em 1109.

2. Abelardo, 1079-1142

Pedro Abelardo, filósofo e teólogo, nasceu em 1079 e morreu em 1142. Foi o pensador mais ousado da Idade Média. Pode ser considerado o fundador da Universidade de Paris, que foi a mãe das universidades européias. A fama de Abelardo como professor atraiu milhares de estudantes de todas as partes da Europa. Muitos dos grandes homens da geração que o sucedeu foram influenciados por seu pensamento. Suas intrépidas especulações e opiniões independentes o puseram mais de uma vez sob a expulsão da Igreja. Mais famosa do que seus ensinos e escritos foi a história romântica que manteve com a formosa Heloísa, por quem deixou a vida monástica. Casaram-se, mas logo depois foram obrigados a separar-se e a entrar para conventos. Abelardo morreu no posto de abade, e Heloísa, quando era abadessa.

3. Bernardo de Claraval, 1090-1153

Bernardo de Claraval foi um nobre pertencente a uma família francesa. Educou-se para servir na corte, mas renunciou, a fim de entrar para um convento. Em 1115, fundou em Claraval [Clairvaux] um mosteiro da ordem dos cistercienses e foi ele o primeiro abade do convento. Essa ordem espalhou-se por muitos países, e seus membros eram geralmente conhecidos como bernardinos. Bernardo era uma admirável união de pensador místico e prático. Organizou a segunda cruzada em 1147. Foi um homem de mente esclarecida e coração bondoso. Opunha-se à perseguição aos judeus e escrevia contra ela. Alguns de seus hinos, como "Jesus, só o pensar em ti" e "Ó fronte ensangüentada", cantam-se em todas as igrejas. Somente duas décadas depois, foi ele canonizado como São Bernardo. Lutero declarou o seguinte: "Se houve no mundo um monge santo e temente a Deus, esse foi São Bernardo de Claraval".

4. Tomás de Aquino, 1225-1274

A mentalidade maior da Idade Média foi, sem dúvida, Tomás de Aquino, que viveu nos anos de 1225 a 1274, e foi chamado "Doutor Universal", "Doutor Angélico" e "Príncipe da Escolástica".

Nasceu na localidade de Aquino, no reino de Nápoles. Contra a vontade da família, os condes de Aquino, entrou para a ordem dos monges dominicanos. Quando ainda estudante, Tomás era tão calado que lhe deram o apelido de "boi mudo". Mas o seu mestre Alberto Magno sempre dizia: "Um dia, esse boi encherá o mundo com seus mugidos". E, de fato, ele foi a autoridade mais célebre e mais elevada de todo o período medieval, na filosofia e na teologia. Seus escritos ainda hoje são citados, principalmente por eruditos católicos romanos.

Perguntas para revisão

- Quais foram as cinco tentativas para a reforma da Igreja realizadas na última parte da Idade Média?
- Faça um relato de cada um desses esforços.
- Qual o grande acontecimento que marca o término do período medieval?
- Relate esse acontecimento.
- Mencione os nomes de quatro grandes estudiosos e líderes intelectuais da Idade Média.
- Faça um relato de cada um desses líderes.

Esboço dos capítulos 18-20

QUINTO PERÍODO GERAL — A IGREJA REFORMADA

Da queda de Constantinopla, 1453,
ao fim da Guerra dos Trinta Anos, 1648

I. INFLUÊNCIAS QUE CONDUZIRAM À REFORMA (Capítulo 18)

1. A Renascença
2. A invenção da imprensa, Gutenberg, 1456
3. O espírito nacionalista

II. A REFORMA NA ALEMANHA

1. A venda de indulgências
2. As teses de Lutero, 1517
3. Queima da bula papal, 1520
4. A Dieta de Worms, 1521
5. O castelo de Wartburg
6. O nome "protestante"

III. A REFORMA EM OUTROS PAÍSES (Capítulo 19)

1. Na Suíça
2. No Reino da Escandinávia
3. Na França
4. Nos Países Baixos
5. Na Inglaterra

a. Sob Henrique VIII

b. Sob Eduardo VI, 1547-1553

c. Sob a rainha Maria Tudor, 1553-1558

d. Sob a rainha Elizabeth I, 1558-1603

6. Na Escócia

IV. OS PRINCÍPIOS DA RELIGIÃO REFORMADA

1. Religião bíblica

2. Religião racional

3. Religião pessoal

4. Religião espiritual

5. Religião nacional

V. A CONTRA-REFORMA (Capítulo 20)

1. Reforma dentro da igreja católica romana

2. A ordem dos jesuítas, 1534

3. Perseguição ativa

4. Esforços missionários dos católicos romanos

5. A Guerra dos Trinta Anos, 1618-1648

VI. LÍDERES DO PERÍODO

1. Desidério Erasmo, 1466-1536

2. Martinho Lutero, 1483-1546

3. João Calvino, 1509-1564

4. Thomas Cranmer, 1489-1556

5. John Knox, 1505-1572

6. Inácio de Loyola, 1491-1556

7. Francisco Xavier, 1506-1552

QUINTO PERÍODO GERAL

18

A IGREJA REFORMADA — PRIMEIRA PARTE

Da queda de Constantinopla, 1453,
ao fim da Guerra dos Trinta Anos, 1648

I. INFLUÊNCIAS QUE CONDUZIRAM À REFORMA

Neste período de duzentos anos que vamos comentar, o grande acontecimento que despertou a atenção geral foi a Reforma. Iniciada na Alemanha, espalhou-se por todo o norte da Europa e teve como resultado o estabelecimento de igrejas nacionais que não prestavam obediência nem fidelidade a Roma. Consideremos algumas das forças que conduziram à Reforma e ajudaram de forma notável a sua expansão.

1. A Renascença

Uma dessas forças foi, sem dúvida, o notável movimento conhecido como Renascença, ou despertar da Europa para um novo interesse pela literatura, pelas artes e pela ciência, isto é, a transformação dos métodos e propósitos medievais em objetivos e métodos de pensamento.

Durante a Idade Média, o interesse dos estudiosos havia sido orientado para a verdade religiosa, com a filosofia relacionada com a religião. Os principais pensadores e escritores, conforme vimos, eram homens pertencentes à Igreja. Contudo, no período da Renascença, surgiu um novo interesse pela literatura clássica, pelo grego e pelo latim, pelas artes, de forma inteiramente separada da religião. Por via de tal interesse, apareceram os primeiros vislumbres da ciência moderna. Os líderes do movimento, de modo geral, não eram sacerdotes nem monges, mas leigos, especialmente na Itália, onde teve início a Renascença, não como um movimento religioso, mas literário; não abertamente anti-religioso, porém cético e investigador.

Os estudiosos italianos desse período, em sua maioria, eram homens destituídos de vida religiosa; até os próprios papas dessa época destacavam-se mais por sua cultura do que pela fé. No norte dos Alpes, na Alemanha, na Inglaterra e na França o movimento possuía sentimento religioso, despertando novo interesse pelas Escrituras, pelas línguas grega e hebraica, levando o povo a investigar os verdadeiros fundamentos da fé, independente dos dogmas de Roma. Por toda parte, de norte a sul, a Renascença solapava a igreja católica romana.

2. A invenção da imprensa, Gutenberg, 1456

A invenção da imprensa veio a ser um arauto e aliado da Reforma que se aproximava. Essa descoberta foi realizada por Gutenberg, em 1456, em Mogúncia, no Reno, e consistia em imprimir livros com tipos móveis, fazendo-os circular, facilmente, aos milhares. Antes da invenção da imprensa, os livros eram copiados a mão. Uma Bíblia, na Idade Média, custava o salário de um ano de um operário. É muito significativo o fato de o primeiro livro impresso por Gutenberg haver sido a Bíblia, demonstrando, assim, o desejo dessa época.

A imprensa possibilitou o uso comum das Escrituras e incentivou a tradução e a circulação da Bíblia em todos os idiomas da Europa. As pessoas que liam a Bíblia prontamente se convenciam de que a Igreja papal estava muito distanciada do ideal do Novo Testamento. Os novos ensinos dos reformadores, logo que eram escritos, também eram logo publicados em livros e folhetos, e circulavam aos milhões em toda a Europa.

3. O espírito nacionalista

Nessa época, começou a surgir na Europa o espírito nacionalista. Esse movimento era diferente das lutas medievais entre papas e imperadores. Tratava-se mais de um movimento popular do que mesmo um movimento relacionado com os reis. O patriotismo dos povos começou a manifestar-se, mostrando-se inconformado com a autoridade estrangeira sobre suas próprias igrejas nacionais; resistindo às nomeações de bispos, abades e dignitários da Igreja feitas por um papa que vivia num país distante. O povo não se conformava com a contribuição do "óbolo de São Pedro", para sustentar o papa e a construção de majestosos templos em Roma. Havia uma determinação de reduzir o poder dos concílios eclesiásticos, colocando o clero sob o poder das mesmas leis e dos tribunais que serviam para os leigos. Esse espírito nacionalista era um sustentáculo do movimento da Reforma.

II. A REFORMA NA ALEMANHA

Enquanto o espírito de reforma e de independência despertava a Europa, a chama desse movimento começou a arder primeiramente na Alemanha, no eleitorado da Saxônia, sob a liderança de Martinho Lutero, monge e professor da Universidade de Wittenberg. Vamos examinar algumas das causas originais.

1. A venda de indulgências

O papa reinante, Leão X, em razão da necessidade de avultadas somas para terminar as obras da Basílica de São Pedro em Roma, permitiu que um seu enviado, John Tetzel, percorresse a Alemanha vendendo bulas, assinadas pelo papa, as quais, dizia, possuíam a virtude de conceder perdão de todos os pecados, não só aos possuidores da bula, mas também aos amigos, mortos ou vivos, em cujo nome fossem as bulas compradas, sem necessidade de confissão, nem de absolvição pelo sacerdote. Tetzel fazia esta afirmação ao povo: "Tão depressa o vosso dinheiro caia no cofre, a alma de vossos amigos subirá do purgatório para o céu". Lutero, por sua vez, começou a pregar contra Tetzel e sua campanha de venda de indulgências, denunciando como falso esse ensino.

2. As teses de Lutero, 1517

A data exata fixada pelos historiadores como início da grande Reforma foi registrada como 31 de outubro de 1517. Na manhã desse dia, Martinho Lutero afixou na porta da Catedral de Wittenberg um pergaminho que continha 95 teses ou declarações, quase todas relacionadas com a venda de indulgências; contudo, em sua aplicação, atacava a autoridade do papa e do sacerdócio. Os líderes da igreja católica romana procuraram em vão restringir e lisonjear Martinho Lutero. Ele, porém, permaneceu firme, e os ataques que lhe dirigiram apenas serviram para tornar mais resoluta sua oposição às doutrinas não ratificadas pelas Escrituras Sagradas.

3. Queima da bula papal, 1520

Após longas e prolongadas controvérsias e a publicação de folhetos que tornaram conhecidas as opiniões de Lutero em toda a

Alemanha, seus ensinos foram formalmente condenados. Lutero foi excomungado por uma bula[1] do papa Leão X, no mês de junho de 1520. Pediram então ao eleitor Frederico da Saxônia que entregasse Lutero, a fim de ser julgado e castigado. Entretanto, em vez de entregar Lutero, Frederico deu-lhe ampla proteção, pois simpatizava com suas idéias. Martinho Lutero recebeu a excomunhão como um desafio, classificando-a de "bula execrável do anticristo". No dia 10 de dezembro, Lutero queimou a bula, em reunião pública, à porta de Wittenberg, diante de uma assembléia de professores, estudantes e do povo.

Juntamente com a bula, Lutero queimou também cópias dos cânones ou leis estabelecidas por autoridades romanas. Esse ato constituiu a renúncia definitiva de Lutero à igreja católica romana.

4. A Dieta de Worms, 1521

Em 1521, Lutero foi citado a comparecer ante a Dieta, ou assembléia, do Conselho Supremo do governo alemão, reunida em Worms, no Reno. O novo imperador Carlos V concedeu um salvo-conduto a Lutero para comparecer a Worms. Apesar de advertido por seus amigos de que poderia ter a mesma sorte de John Huss, que nas mesmas circunstâncias, no Concílio de Constança, em 1415, apesar de possuir um salvo-conduto, foi morto por seus inimigos, Lutero respondeu-lhes: "Irei a Worms, ainda que me cerquem tantos demônios quantas são as telhas dos telhados". Finalmente, no dia 17 de abril de 1521 Lutero compareceu ante a Dieta, presidida pelo imperador. Em resposta a um pedido para que se retratasse e renegasse o que havia escrito, após algumas considerações respondeu que não poderia retratar-se, a não ser

---

[1] Os decretos do papa chamam-se "bulas"; a palavra "bula" quer dizer "selo". O nome é aplicado a qualquer documento validado com selo oficial.

que fosse desaprovado pelas Escrituras e pela razão, e terminou com estas palavras: "Aqui estou. Não posso fazer outra coisa. Que Deus me ajude. Amém". O imperador Carlos foi instado a prender Lutero sob a alegação de que a fé não poderia ser confiada a hereges. Contudo, Lutero pôde deixar Worms em paz.

5. O castelo de Wartburg

Enquanto viajava de regresso à sua cidade, Lutero foi cercado e levado por soldados do eleitor Frederico para o castelo de Wartburg, na Turíngia. Ali permaneceu guardado, em segurança e disfarçado, durante um ano, enquanto as tempestades de guerra e revoltas rugiam no império. Entretanto, durante esse tempo, Lutero não permaneceu ocioso; nesse período, traduziu o Novo Testamento para a língua alemã, obra que por si só o teria imortalizado, pois essa versão é considerada o fundamento do idioma alemão escrito. Isso aconteceu no ano de 1521. O Antigo Testamento só foi completado alguns anos mais tarde. Ao regressar do Castelo de Wartburg a Wittenberg, Lutero reassumiu a liderança do movimento a favor da igreja reformada, exatamente a tempo de salvá-la de excessos extravagantes.

6. O nome "protestante"

A divisão dos vários Estados alemães em ramos reformados e romanos deu-se entre o norte e o sul. Os príncipes do sul, dirigidos pela Áustria, aderiram a Roma, enquanto os do norte se tornaram seguidores de Lutero. Em 1529, a Dieta reuniu-se na cidade de Espira, com o objetivo de reconciliar as partes em luta. Nessa reunião da Dieta, os governadores católicos, que tinham maioria, condenaram as doutrinas de Lutero. Os príncipes resolveram proibir qualquer ensino do luteranismo nos Estados em que dominassem os católicos. Ao mesmo tempo, determinaram que, nos Estados em que governassem luteranos, os católicos poderiam exercer livremente sua religião. Os príncipes luteranos protestaram contra essa lei desequilibrada e odiosa. Desde esse tempo, ficaram conhecidos como protestantes, e as doutrinas que defendiam também ficaram conhecidas como religião protestante.

Perguntas para revisão

- Qual é o tema deste capítulo?
- Mencione e descreva três forças ou motivos que conduziram à Reforma.
- Como contribuiu a Renascença para a Reforma?
- De que forma a invenção da imprensa também ajudou a Reforma?
- De que modo o espírito nacionalista contribuiu para o advento da Reforma?
- Em que país se iniciou o movimento da Reforma?
- Quem foi seu líder?
- Cite as datas mencionadas do avanço da Reforma na Alemanha.
- Que eram as "indulgências"?
- Como a venda de indulgências tornou-se o motivo imediato da Reforma?
- Que era a bula papal?
- Que fez Lutero com a bula?
- Em que data se realizou a Dieta de Worms?
- Que aconteceu nessa reunião?
- Onde esteve Lutero escondido?
- Que fez ele durante esse período?
- Como surgiu o nome "protestante"?

19

A IGREJA REFORMADA — SEGUNDA PARTE

A Reforma em outros países
Os princípios da religião reformada

III. A REFORMA EM OUTROS PAÍSES

Enquanto a Reforma estava ainda iniciando na Alemanha, eis que o mesmo espírito despontou também em muitos países da Europa. No sul, como na Itália e Espanha, a Reforma foi sufocada impiedosamente. Na França e nos Países Baixos, a causa da Reforma pendia na balança da incerteza. Entretanto, em todas as nações do norte a nova religião apresentava-se vitoriosa sobre toda a oposição romana e começava a dominar esses países.

1. Na Suíça

A Reforma na Suíça despontou independente por completo do movimento na Alemanha, apesar de se haver manifestado simultaneamente, sob a orientação de Ulrico Zwinglio, o qual, em 1517, atacou "a remissão de pecados" que muitos procuravam por meio de peregrinações a um altar da Virgem em Einsieldn. No ano de 1522, Zwinglio rompeu definitivamente com Roma.

A Reforma foi então formalmente estabelecida em Zurique e, dentro em breve, tornou-se um movimento mais radical do que na Alemanha. Entretanto, o avanço desse movimento foi prejudicado por uma guerra civil entre cantões católicos e protestantes, na qual Zwinglio morreu, em 1531. Apesar de tudo, a Reforma continuou a sua marcha e, mais tarde, teve como líder João Calvino, o maior teólogo da Igreja, depois de Agostinho; sua obra, *As institutas da religião cristã*, publicada em 1536, quando Calvino tinha apenas 27 anos, tornou-se regra da doutrina protestante.

2. No Reino da Escandinávia

O reino escandinavo, que nessa época se compunha da Dinamarca, Suécia e Noruega, sob um mesmo governo, recebeu prontamente os ensinos de Lutero, os quais tiveram a simpatia do rei Cristiano II. As lutas políticas e a guerra civil paralisaram durante algum tempo a expansão da Reforma. Contudo, finalmente, os três países aceitaram as idéias luteranas.

3. Na França

Na França, a igreja católica romana possuía mais liberdade do que no resto da Europa. Por essa razão, era menos sentida a necessidade de independência eclesiástica de Roma. Contudo, ali iniciou-se um movimento religioso, antes da Reforma na Alemanha. No ano de 1512, Jacques Lefèvre escreveu e pregou sobre a doutrina da "justificação pela fé".

Dois partidos surgiram então na corte e entre o povo. Os reis que se sucediam no governo, apesar de nominalmente católicos romanos, alternadamente se colocavam ao lado de cada partido. Entretanto, o protestantismo sofreu um golpe quase mortal, no terrível massacre da noite de São Bartolomeu, 24 de agosto de 1572, quando quase todos os líderes protestantes e milhares de seus adeptos foram covardemente assassinados. A fé reformada enfrentou terrível perseguição, mas uma parte do povo francês continuou protestante. Apesar de pequeno em número, o protestantismo francês exerceu grande influência.

4. Nos Países Baixos

Os Países Baixos, que se compunham das atuais Bélgica e Holanda, estavam, no início da Reforma, sob o domínio da Espanha. Esses países logo receberam os ensinos da Reforma, mas foram perseguidos pelos regentes espanhóis. Nos Países Baixos, a Reforma era um clamor de liberdade política e religiosa, e a tirania dos espanhóis levou o povo a rebelar-se. Após prolongada guerra e incrível sofrimento, os Países Baixos, sob a liderança de Guilherme, o Taciturno, finalmente conquistaram a independência desligando-se do governo da Espanha, apesar de somente haverem alcançado o reconhecimento no ano de 1648, sessenta anos depois da morte de Guilherme. A Holanda tornou-se protestante. Entretanto, a Bélgica continuou, em sua maioria, católica romana.

5. Na Inglaterra

A Reforma na Inglaterra
- Sob Henrique VIII
- Sob Eduardo VI, 1547-1553
- Sob a rainha Maria Tudor, 1553-1558
- Sob a rainha Elizabeth I, 1558-1603

O movimento da Reforma na Inglaterra passou por vários períodos de avanço e retrocesso, em razão das relações políticas, das diferentes atitudes dos soberanos e do espírito conservador natural aos ingleses. A Reforma iniciou-se no reinado de Henrique VIII, com um grupo de estudantes de literatura clássica e da Bíblia, alguns dos quais, como *Sir* Thomas More, recuaram e continuaram católicos, enquanto outros avançaram corajosamente para a fé protestante.

Um dos líderes da Reforma na Inglaterra foi John Tyndale, que traduziu o Novo Testamento na língua-mãe, a primeira versão em inglês depois da invenção da imprensa; essa tradução, mais do que qualquer outra, modelou todas as traduções a partir daí. Tyndale foi martirizado em Antuérpia, no ano de 1536. Outro líder da Reforma foi Thomas Cranmer, arcebispo de Cantuária; Cranmer, após ajudar de modo notável a Inglaterra a tornar-se protestante, retratou-se no reinado da rainha católica Maria Tudor, na esperança de salvar a vida. Entretanto, ao ser condenado a morrer queimado, revogou a retratação. A Reforma na Inglaterra foi favorecida e também prejudicada por Henrique VIII, o qual se separou de Roma porque o papa não quis sancionar seu divórcio da rainha Catarina, irmã do imperador Carlos V. Henrique VIII fundou uma "igreja católica inglesa", sendo ele mesmo o chefe. Aqueles que não concordavam com suas idéias, católicos ou protestantes, eram por ele condenados à morte.

Sob o governo de Eduardo VI, que era muito jovem, e cujo reinado foi curto, a causa da Reforma progrediu muito. Dirigida por Cranmer e outros, a igreja da Inglaterra foi fundada e o livro de oração foi compilado, com sua rica e rítmica forma de linguagem. A rainha Maria Tudor, que sucedeu Eduardo VI, era uma fanática romanista e iniciou um movimento para reconduzir seus súditos à sua antiga igreja, usando para isso a perseguição. Ela governou somente cinco anos; nesse período, porém, mais de 300 protestantes sofreram o martírio. Com o acesso ao trono de Elizabeth, a mais capaz de todos os soberanos da Inglaterra, as prisões se abriram, os exílios foram revogados, a Bíblia foi novamente honrada no púlpito e no lar, e durante seu longo governo, denominado de "a era elisabetana", a mais religiosa da história inglesa, a igreja da Inglaterra firmou-se outra vez e tomou a forma que preserva até hoje.

6. Na Escócia

Na Escócia, a Reforma avançou lentamente, pois a Igreja e o Estado eram governados pela mão férrea do cardeal Beaton e pela rainha regente Maria de Guise, mãe da rainha Maria da Escócia. O cardeal foi assassinado, a rainha morreu, e logo a seguir John Knox, em 1559, assumiu a liderança do movimento reformador. Mediante suas idéias radicais e inflexíveis, sua firme determinação e sua irresistível energia, mesmo contra o engenho e a atração de sua romanista soberana, a rainha Maria da Escócia, Knox pôde fazer desaparecer todos os vestígios da antiga religião e levar a Reforma muito mais longe do que a da Inglaterra. A igreja presbiteriana, segundo foi planejada por John Knox, veio a ser a igreja da Escócia.

No início do século XVI, a única igreja na Europa Ocidental era a católica romana, que se julgava segura da lealdade de todos os reinos. Contudo, antes de findar esse século todos os países do norte da Europa, a oeste da Rússia, se haviam separado de Roma e estabelecido suas próprias igrejas nacionais.

IV. OS PRINCÍPIOS DA RELIGIÃO REFORMADA

Embora nos países do norte da Europa houvesse diferença de doutrinas e de organização resultantes da Reforma, não é difícil encontrar a plataforma comum de todas as igrejas protestantes. Os princípios da Reforma podem ser considerados cinco.

1. Religião bíblica

O primeiro grande princípio é que a verdadeira religião está baseada nas Escrituras. Os católicos romanos haviam substituído a autoridade da Bíblia pela autoridade da Igreja. Ensinavam que a Igreja era infalível e que a autoridade da Bíblia procedia da autorização da Igreja. Proibiam a leitura das Escrituras aos leigos e opunham obstáculos à sua tradução na linguagem usada pelo povo. Os reformadores afirmavam que a Bíblia continha as regras de fé e prática, e que não se devia aceitar nenhuma doutrina que não fosse ensinada pela Bíblia. A Reforma devolveu ao povo a Bíblia que se havia perdido e colocou os ensinos bíblicos sobre o trono da autoridade. Foi pela atitude dos reformadores, e por meio dos países protestantes, que a Bíblia conseguiu a circulação que tem hoje, a qual se conta aos milhões, anualmente.

2. Religião racional

Outro princípio estabelecido pela Reforma foi este: a religião devia ser racional e inteligente. O romanismo havia introduzido doutrinas irracionais no credo da Igreja, como a transubstanciação, pretensões absurdas como as indulgências papais em sua disciplina, costumes supersticiosos como a adoração de imagens em seu ritual. Os reformadores, conquanto subordinassem devidamente a razão à revelação, reconheciam a primeira como um dom divino e requeriam um credo, uma disciplina e uma adoração que não violassem a natureza racional do homem.

3. Religião pessoal

A terceira grande verdade da Reforma, e à qual deu ênfase, era a religião pessoal. Sob o sistema romano, havia uma porta fechada entre o adorador e Deus, e para essa porta o sacerdote tinha a única chave. O pecador arrependido não confessava seus pecados a Deus; não obtinha perdão de Deus, e sim do sacerdote; somente este podia pronunciar a absolvição. O adorador não orava a Deus Pai, mediante Cristo, o Deus Filho, mas por meio de um santo padroeiro, que se supunha interceder pelo pecador diante de um Deus demasiado distante para que o homem se aproximasse dele na vida terrena. Na verdade, Deus era considerado um ser pouco amigável, que devia ser aplacado e apaziguado mediante a vida ascética de homens e mulheres santos, os únicos cujas orações podiam salvar os homens da ira de Deus. Os homens piedosos não podiam consultar a Bíblia para se orientarem; tinham de receber os ensinos do Livro indiretamente, segundo as interpretações dos concílios e dos cânones da Igreja. Os reformadores removeram todas essas barreiras. Guiavam o adorador a Deus como objeto direto de oração, e bem assim o outorgador imediato do perdão e da graça. Levavam as almas à presença de Deus e à comunhão com Cristo individualmente.

4. Religião espiritual

Os reformadores também insistiam na religião espiritual, diferente da religião formalista. Os católicos romanos haviam sobrecarregado a simplicidade do evangelho, adicionando-lhe formalidades e cerimônias que lhe obscureciam inteiramente a vida e o espírito. A religião consistia em adoração externa prestada sob a orientação dos sacerdotes, e não na atitude do coração para com Deus. Indiscutivelmente, houve muitos homens sinceros e espirituais na igreja católica romana, entre os quais podemos destacar Bernardo de Claraval, Francisco de Assis e Tomás de Kempis, que viviam em íntima comunhão com Deus. Entretanto, de modo geral, na Igreja a religião era letra, e não espírito. Os reformadores davam ênfase às características internas da religião antes que às externas. Punham em evidência a antiga doutrina como experiência vital: "A salvação pela fé em Cristo, e unicamente pela fé". Proclamavam que os homens são justificados não por formas e observâncias externas, e sim pela vida interior espiritual, "a vida de Deus na alma dos homens".

5. Religião nacional

O último dos princípios da obra da Reforma foi a existência de uma igreja nacional, independente da igreja mundial. O alvo do papado e do sacerdócio havia sido subordinar o Estado à Igreja e fazer o papa exercer autoridade sobre todas as nações. Entretanto, onde o protestantismo triunfava, surgia uma igreja nacional governada por si mesma e completamente independente de Roma. Essas igrejas nacionais assumiam diferentes formas: episcopal na Inglaterra, presbiteriana na Escócia e na Suíça, um tanto mista nos países do norte. O culto de adoração em todas as igrejas católicas romanas era em latim, mas nas igrejas protestantes celebravam-se os cultos nos idiomas usados por seus adoradores.

Perguntas para revisão
- Quem levou a Reforma à Suíça?
- Relate a origem.

- Qual foi o último líder e sua grande obra?
- Quais as nações que integravam o reino da Escandinávia?
- Qual é a história da Reforma nesses países?
- Mencione a história da Reforma na França.
- Qual foi o acontecimento que a fez progredir na França?
- Que aconteceu nos Países Baixos?
- Como se iniciou a Reforma na Inglaterra?
- Quais eram os seus líderes?
- Qual a participação de quatro soberanos no desenvolvimento da Reforma?
- Relate o que foi a Reforma na Escócia.
- Quem orientou e modelou a Reforma na Escócia?
- Mencione os cinco princípios gerais da religião reformada.
- Explique cada um desses princípios.

20

A Igreja reformada — terceira parte

A Contra-Reforma
Líderes do período

V. A CONTRA-REFORMA

Logo após haver-se iniciado o movimento da Reforma, um poderoso esforço foi também iniciado pela igreja católica romana no sentido de recuperar o terreno perdido na Europa, para destruir a fé protestante e para enviar missões católicas romanas a países estrangeiros. Esse movimento foi chamado Contra-Reforma.

1. Reforma dentro da igreja católica romana

Tentou-se fazer a reforma dentro da própria Igreja, por via do Concílio de Trento, convocado no ano de 1545 pelo papa Paulo III, principalmente com o objetivo de investigar os motivos e pôr fim aos abusos que deram causa à Reforma. O concílio reuniu-se em datas diferentes e lugares diversos, mas na maioria das vezes em Trento, na Áustria, a 120 quilômetros ao norte de Veneza. O concílio era composto de todos os bispos e abades da Igreja e durou quase vinte anos, durante os governos de quatro papas, de 1545 a

1563. Todos esperavam que a separação entre católicos e protestantes teria fim e que a Igreja ficaria outra vez unida. Contudo, tal coisa não sucedeu. Fizeram-se, porém, muitas reformas na igreja católica, e as doutrinas foram definitivamente estabelecidas. Os próprios protestantes admitem que depois do Concílio de Trento os papas se conduziram com mais acerto do que os que governaram antes desse concílio. O resultado dessa reunião pode ser considerado uma reforma conservadora dentro da igreja católica romana.

2. A ordem dos jesuítas, 1534

De ainda maior influência na Contra-Reforma foi a ordem dos jesuítas, fundada em 1534 pelo espanhol Inácio de Loyola. A Companhia de Jesus era uma ordem monástica caracterizada pela combinação da mais severa disciplina, intensa lealdade à Igreja e à ordem, profunda devoção religiosa e marcado esforço para arrebanhar prosélitos. Seu principal objetivo era combater o movimento protestante, tanto com métodos conhecidos como com formas secretas. Tornou-se tão poderosa a ordem dos jesuítas que teve contra ela a oposição mais severa, até mesmo nos países católicos; foi suprimida em quase todos os países da Europa, e por decreto do papa Clemente XIV, no ano de 1773, a ordem dos jesuítas foi proibida de funcionar dentro da Igreja. Apesar desse fato, continuou a funcionar, secretamente durante algum tempo, mais tarde abertamente, e foi reconhecida pelo papa em 1814. Hoje é uma das forças mais ativas para divulgar e fortalecer a igreja católica romana em todo o mundo.

3. Perseguição ativa

A perseguição ativa foi outra arma poderosa usada para impedir o crescente espírito da Reforma. É certo que os protestantes também perseguiram, e até mataram, embora geralmente motivados por sentimentos políticos, não religiosos. Na Inglaterra, aqueles que morreram eram principalmente católicos que conspiraram contra a rainha Elizabeth. Entretanto, no continente europeu, todos os governos católicos preocupavam-se em extirpar a fé protestante, usando para isso a espada. Na Espanha, estabeleceu-se a Inquisição, por meio da qual inumerável multidão sofreu torturas e muitas pessoas foram queimadas vivas. Nos Países Baixos, o governo espanhol determinou matar todos os que fossem suspeitos de heresias. Na França, o espírito de perseguição alcançou o clímax, na matança da noite de São Bartolomeu, 24 de agosto de 1572, e que se prolongou por várias semanas. Segundo o cálculo de alguns historiadores, morreram de 20 mil a 70 mil pessoas. As perseguições em países cujo governo não era protestante não só retardavam a marcha da Reforma, mas, em alguns países, principalmente na Boêmia e na Espanha, a extinguiram.

4. Esforços missionários dos católicos romanos

Os esforços missionários da igreja católica romana também devem ser reconhecidos como uma das forças da Contra-Reforma. Esses esforços eram dirigidos em sua maioria pelos jesuítas e tiveram como resultado a conversão das raças nativas da América do Sul, do México e de grande parte do Canadá. A Companhia de Jesus cumpriu importante papel na evangelização do Brasil colonial, o que se pode ver pela construção de colégios e reduções indígenas no sul do país. Na Índia e países circunvizinhos, estabeleceram-se missões por intermédio de Francisco Xavier, um dos fundadores da Companhia de Jesus. As missões católicas nos países pagãos iniciaram-se séculos antes das missões protestantes e conquistaram grande número de membros, bem como poder para a igreja.

5. A Guerra dos Trinta Anos, 1618-1648

Como resultado inevitável de interesses e propósitos contrários dos Estados da Reforma e católicos na Alemanha, iniciou-se então uma guerra no ano de 1618, isto é, um século depois da Reforma. Essa guerra envolveu quase todas as nações européias. Na História, ela é conhecida como a Guerra dos Trinta Anos. As rivalidades políticas e religiosas estavam ligadas a essa guerra. Às vezes, Estados que professavam a mesma fé apoiavam partidos contrários. A luta estendeu-se durante quase uma geração, e toda a Alemanha sofreu os seus efeitos terríveis. Finalmente, em 1648, a guerra terminou, com a assinatura do tratado de paz de Westfália, que fixou os limites dos Estados católicos e protestantes, que duram até hoje. O período da Reforma pode ser considerado terminado nesse ponto.

VI. LÍDERES DO PERÍODO

Numa época tão importante, envolvendo tantos países e repleta de tão vastos resultados, houve, sem dúvida, muitos líderes, tanto da parte dos reformados como também dos católicos. Contudo, somente alguns serão citados neste breve relato.

1. Desidério Erasmo, 1466-1536

Desidério Erasmo, que nasceu em Roterdã, Holanda, foi um dos maiores eruditos do período da Renascença e da Reforma. Erasmo foi educado num mosteiro e ordenado em 1492; dedicou-se à literatura.

Em vários períodos, viveu em Paris, Inglaterra, Suíça e Itália; contudo, seu lar permanente estava na Basiléia, Suíça. Antes de se iniciar o movimento da Reforma, Erasmo tornou-se crítico inflexível da igreja católica romana, por meio dos seus escritos, dos quais se destaca o de maior circulação: *Elogio da loucura*. Mas a sua obra de maior valor foi a edição do Novo Testamento em grego, com uma tradução em latim. Apesar de Erasmo haver feito tanto quanto qualquer outro homem de seu tempo pela preparação da Reforma, jamais se uniu ao movimento, continuando exteriormente católico, criticando os reformadores tão acremente como criticava a igreja católica.

2. Martinho Lutero, 1483-1546

Indiscutivelmente, a figura principal desse período foi Martinho Lutero, o fundador da civilização protestante. Nasceu em Eisleben, em 1483; era filho de um mineiro; com muitos sacrifícios, o pai enviou Lutero para estudar na Universidade de Erfurt. Lutero desejava ser advogado, mas, repentinamente, sentiu o chamado para a carreira de monge e entrou para um mosteiro dos agostinianos. Foi ordenado monge, e bem depressa chamou a atenção para sua capacidade. Foi enviado a Roma em 1510, mas voltou desiludido pelo que viu, com respeito ao mundanismo e à maldade na Igreja. No ano de 1511, iniciou sua campanha de reformador, condenando a venda de indulgências, ou perdão de pecados, e, como já lemos, afixou as famosas teses na porta da igreja de Wittenberg. Ao ser excomungado, foi intimado a comparecer a Roma, não obedecendo, e foi condenado, mesmo ausente, pelo papa Leão X. Lutero, então, queimou a bula, ou decreto do papa, em 1520.

Foi na Dieta de Worms, em 18 de abril de 1521, que Lutero deu sua célebre resposta. Ao regressar ao lar, corria perigo de ser assassinado por seus inimigos. Seus amigos, porém, levaram-no para o castelo de Wartburg, onde ficou escondido durante um ano. Foi ali que realizou a tradução do Novo Testamento para o alemão. Ao regressar a Wittenberg, assumiu novamente a liderança do movimento da Reforma. No ano de 1529, fez-se um esforço para unir os seguidores de Lutero e os de Ubich Zwinglio, mas não se obteve êxito, em razão do espírito firme e inflexível de Lutero. Entre os muitos escritos da autoria de Lutero que circularam em toda a Alemanha, o de maior influência foi, sem dúvida, sua incomparável tradução da Bíblia. Lutero morreu quando visitava o local em que nasceu, em Eisleben, em 18 de fevereiro de 1546, aos 63 anos de idade.

3. João Calvino, 1509-1564

João Calvino, o maior teólogo do cristianismo depois de Agostinho, bispo de Hipona, nasceu em Noyon, França, em 10 de julho de 1509, e morreu em Genebra, Suíça, em 27 de maio de 1564. Estudou em Paris, Orleans e Bourges. Aceitou os princípios da Reforma em 1528 e foi expulso de Paris. Em 1536, na Basiléia, publicou *As institutas da religião cristã*, obra que se tornou a base da doutrina de todas as igrejas protestantes, menos da luterana. Em 1536, Calvino refugiou-se em Genebra, onde viveu até a morte, com exceção de alguns anos de exílio. A academia protestante que Calvino fundou, juntamente com Teodoro Beza e outros reformadores, transformou-se no centro principal do protestantismo na Europa. As teologias calvinista e luterana possuem características racionais e radicais que inspiraram os movimentos liberais dos tempos modernos, tanto no que se refere ao Estado como também à Igreja, e contribuíram poderosamente para o avanço da democracia em todo o mundo.

4. Thomas Cranmer, 1489-1556

Thomas Cranmer pode ser considerado o líder da Reforma inglesa, por sua posição como o primeiro protestante na liderança da Igreja, na Inglaterra. Quando jovem, conquistou a simpatia do rei Henrique VIII, por haver sugerido que se apelasse às universidades da Europa na questão do divórcio do rei britânico. Cranmer prestou serviços a Henrique VIII em várias embaixadas, e foi nomeado bispo de Cantuária. Apesar de progressista em suas idéias, era tímido e flexível, exercendo influência moderadora na igreja reformada. Durante a menoridade do rei Eduardo VI, Cranmer foi um dos regentes e conseguiu fazer progredir a causa do protestantismo. A contribuição mais importante de Cranmer foi sua obra como um dos compiladores do livro de oração e como escritor de quase todos os artigos de religião. Com a ascensão ao trono da rainha Maria Tudor, foi destituído do arcebispado e encarcerado. Sob o peso do sofrimento, retratou-se de suas opiniões protestantes, na esperança de salvar a vida, contudo foi condenado à morte na fogueira. Antes de seu martírio, em 1556, renunciou à retratação, e morreu corajosamente, pondo no fogo a sua mão direita, a que havia assinado a retratação, para que fosse a primeira a ser queimada.

5. John Knox, 1505-1572

John Knox foi o fundador da igreja escocesa, e muito justamente o chamaram de "pai da Escócia". Nasceu por volta do ano de 1505, na Baixa Escócia. Foi educado na Universidade de Santo André, a fim de ser sacerdote; mas, em lugar de aceitar o sacerdócio, tornou-se professor. Somente no ano de 1547, John Knox abraçou a causa da Reforma. Foi preso, juntamente com outros reformadores, pelos franceses aliados da rainha regente, e enviado à França, onde serviu nas galés. Mais tarde, foi libertado, e voltou à Inglaterra, onde esteve alguns anos exilado, no reinado de Eduardo VI. Depois da ascensão da rainha Maria da Escócia, foi exilado no continente. Em Genebra, Knox conheceu Calvino e adotou suas idéias, tanto no que se refere à doutrina como também ao governo da Igreja. Em 1559, Knox voltou à Escócia e logo a seguir tornou-se o líder quase absoluto da Reforma em seu país. Conseguiu que a fé e a ordem presbiterianas alcançassem importância suprema na Escócia. Ali dirigiu a mais radical reforma que se verificou em qualquer país da Europa. Knox morreu no ano de 1572. Quando seu corpo baixava à sepultura, Morton, o regente da Escócia, apontou para a cova e disse: "Aqui jaz um homem que jamais conheceu o medo".

6. Inácio de Loyola, 1491-1556

Entre os grandes homens do período, pelo menos dois nomes devem ser citados dos que se destacaram entre os católicos. Um desses foi Inácio de Loyola, espanhol, que nasceu em 1491 ou 1495, descendente de família nobre, no castelo de Loyola, do qual tomou o nome. Até a idade de 26 anos, Loyola foi soldado valente, embora dissoluto. Entretanto, após grave ferimento e passar por longa enfermidade, dedicou-se ao serviço eclesiástico. No ano de 1534, fundou a Companhia de Jesus, a instituição mais poderosa dos tempos modernos para a promoção da igreja católica romana. Seus escritos foram poucos. Entre eles, contam-se a constituição da ordem, suas cartas e *Exercícios espirituais*, uma pequena obra que influenciou não só os jesuítas, mas também todas as ordens religiosas católicas. Inácio de Loyola deve ser reconhecido como uma das personalidades mais notáveis e influentes do século XVI. Morreu em Roma, no dia 31 de julho de 1556, e foi canonizado no ano de 1622.

7. Francisco Xavier, 1506-1552

São Francisco Xavier nasceu em 1506, na região espanhola de Navarra, que nessa época era um reino independente em ambos os lados dos Pireneus. Foi um dos primeiros membros da sociedade dos jesuítas e teve a seu cargo o departamento de missões estrangeiras, sendo também o fundador moderno de missões. Francisco Xavier estabeleceu a fé católica na Índia, no Ceilão, no Japão e em outros países do Oriente. Apenas havia iniciado a missão na China quando morreu repentinamente, de febre, no ano de 1552, com a idade de 46 anos. Durante sua curta existência, trabalhou pela conversão de milhares de pagãos. Organizou tão sabiamente a obra das missões que o movimento continuou após sua morte. Como resultado dos planos e esforços de Francisco Xavier, os católicos no Oriente hoje contam-se aos milhões. Durante toda a vida, Xavier demonstrou espírito manso, tolerante e generoso, o que contribuiu para que sua memória seja estimada tanto por católicos como por protestantes.

Perguntas para revisão

- Que significa Contra-Reforma?
- Como se tentou fazer a reforma na igreja de Roma?
- Qual o concílio convocado pelo papa para cuidar da reforma católica?
- Que ordem se estabeleceu? Qual o seu propósito?
- Qual foi a história dessa ordem?
- Quais as perseguições que se estabeleceram nesse tempo?
- Quais os esforços missionários que se fizeram na igreja católica romana?
- Que foi a Guerra dos Trinta Anos?
- Quando se iniciou e quando terminou?
- Qual o tratado de paz que se fez ao cessar essa guerra?
- Mencione sete líderes do período da Reforma.
- Quais desses nomes eram protestantes?
- Quais eram católicos romanos?
- Faça um relato de cada um dos líderes.

Esboço dos capítulos 21-22

SEXTO PERÍODO GERAL — A IGREJA MODERNA

Do fim da Guerra dos Trinta Anos, 1648,
ao Século XX

I. O MOVIMENTO PURITANO (Capítulo 21)

1. Sua origem
2. Suas divisões
3. Sua supremacia
4. Seus resultados

II. O AVIVAMENTO WESLEYANO

1. A necessidade e seus líderes
2. Avanço do movimento
3. Relações com a Igreja
4. Seus resultados

III. O MOVIMENTO RACIONALISTA

1. Sua origem
2. Seu crescimento
3. Sua decadência e seus efeitos

IV. O MOVIMENTO ANGLO-CATÓLICO

1. Nomes
2. Objetivo
3. Começo

4. Líderes

5. Tendência e resultados

V. O movimento missionário moderno (Capítulo 22)

1. Missões na igreja primitiva

2. O descuido de missões nos períodos medieval e da Reforma

3. As missões estrangeiras morávias, 1732

4. As missões estrangeiras inglesas

5. As missões estrangeiras norte-americanas

6. As condições missionárias atuais

VI. Líderes do período moderno

1. Richard Hooker, 1554-1600

2. Thomas Cartwright, 1535-1603

3. Jonathan Edwards, 1703-1758

4. John Wesley, 1703-1791

5. John Henry Newman, 1801-1890

VII. A Igreja no século XX

1. Questões sociais
   a. Guerras
   b. Problemas raciais
   c. Justiça social

2. Desagregação causada pelo liberalismo
   a. Evangelicalismo
   b. Neo-ortodoxia
   c. Catolicismo romano

3. Ecumenismo

Sexto período geral

21

A Igreja moderna — primeira parte

O movimento puritano
O avivamento wesleyano
O movimento racionalista
O movimento anglo-católico

I. O MOVIMENTO PURITANO

Em nosso estudo do período moderno nos últimos três séculos, nossa atenção será dirigida especialmente para as igrejas que nasceram da Reforma. A igreja católica romana continuou seu próprio caminho, inteiramente separada do mundo protestante; está fora do nosso horizonte. Nosso propósito é descrever, de modo breve, certos movimentos de importância que, por meio da Reforma, influenciaram países e regiões protestantes, como a Inglaterra, a Alemanha Setentrional e a América do Norte.

1. Sua origem

Pouco depois da Reforma, apareceram três grupos diferentes na igreja inglesa: os romanistas, que procuravam fazer amizade e nova união com Roma; o anglicanismo, que estava satisfeito com as reformas moderadas estabelecidas nos reinados de Henrique

VIII e da rainha Elizabeth; e o grupo protestante radical, que desejava uma igreja igual às que se estabeleceram em Genebra e na Escócia. Este último grupo ficou conhecido, cerca do ano de 1654, como "os puritanos", e opunha-se de modo firme ao sistema anglicano no governo de Elizabeth. Por essa razão, muitos de seus líderes foram exilados.

2. Suas divisões

Os puritanos também estavam divididos entre si: uma parte era favorável à forma presbiteriana; a outra parte, mais radical, desejava a independência de cada grupo local, sendo conhecidos como "separatistas" ou "congregacionais". Apesar dessas diferenças, todos eles continuavam como membros da igreja inglesa.

3. Sua supremacia

Na luta entre Carlos I e o Parlamento, os puritanos eram fortes defensores dos direitos populares. No início, o grupo presbiteriano predominava. Por ordem do Parlamento, um concílio de ministros reunido em Westminster, em 1643, preparou a Confissão de Westminster e os dois catecismos, considerados durante muito tempo como regra de fé por presbiterianos e congregacionais. Durante o governo de Oliver Cromwell (1653-1658), triunfou o elemento separatista ou congregacional. No governo de Carlos II (1660-1685), os anglicanos assumiram novamente o poder, e nessa época os puritanos foram perseguidos como não-conformistas.

4. Seus resultados

Após a revolução de 1688, os puritanos foram reconhecidos como dissidentes da Igreja da Inglaterra e conseguiram o direito de organizarem-se independentemente. Do movimento iniciado pelos puritanos, surgiram três igrejas, a saber, a presbiteriana, a congregacional e a batista.

II. O AVIVAMENTO WESLEYANO

1. A necessidade e seus líderes

Nos primeiros cinqüenta anos do século XVIII, as igrejas da Inglaterra, a oficial e a dissidente, entraram em decadência. Os cultos eram formalistas, dominados por uma crença intelectual, mas sem poder moral sobre o povo. A Inglaterra foi despertada dessa condição por um grupo de pregadores sinceros dirigidos pelos irmãos John e Charles Wesley e por George Whitefield. Dos três, Whitefield era o pregador mais poderoso, que comovia o coração de milhares de pessoas, tanto na Inglaterra como na América do Norte; Charles Wesley era o poeta sacro, cujos hinos enriqueceram a coleção hinológica a partir de seu tempo; mas John Wesley foi, sem dúvida alguma, o indiscutível líder e estadista do movimento. Na idade de 35 anos, quando desempenhava as funções de clérigo anglicano, John Wesley encontrou a realidade da religião espiritual entre os morávios, um grupo dissidente da igreja luterana.

2. Avanço do movimento

Em 1739, Wesley começou a pregar o "testemunho do Espírito" como um conhecimento pessoal e interior, e fundou sociedades daqueles que aceitavam seus ensinamentos. A princípio, essas sociedades eram orientadas por líderes de classes, embora mais tarde Wesley tenha convocado um corpo de pregadores leigos para que levassem as doutrinas e relatassem sua experiência em todos os lugares, na Grã-Bretanha e nas colônias norte-americanas. Os seguidores de Wesley foram chamados "metodistas", e Wesley aceitou sem relutância esse nome. Na Inglaterra, foram conhecidos como "metodistas wesleyanos", e, antes da morte de seu fundador, contavam-se aos milhares.

3. Relações com a Igreja

Apesar de haver sofrido, durante muitos anos, violenta oposição da igreja da Inglaterra, sem que lhe permitissem usar o púlpito para pregar, Wesley afirmava considerar-se membro dessa igreja. Considerava o movimento que dirigia não algo separado, mas dentro da igreja da Inglaterra. Contudo, após a Guerra da Independência dos Estados Unidos, que ocorreu entre 1776 e 1783, organizou, em 1784, os metodistas nesse país em igreja independente, de acordo com o modelo episcopal, e instituiu "superintendentes", título que preferiu ao de "bispo". Nos Estados Unidos, o nome "bispo" teve melhor aceitação, e foi por isso adotado. Nesse tempo, os metodistas na América eram cerca de 14 mil.

4. Seus resultados

O movimento wesleyano despertou clérigos e dissidentes para um novo poder na vida cristã. Também contribuiu para a formação de igrejas metodistas sob várias formas em muitos países. Na América do Norte, na atualidade, a igreja metodista conta com milhões de membros e tem grande influência. Nenhum líder na Igreja cristã conseguiu tantos seguidores como John Wesley.

III. O MOVIMENTO RACIONALISTA

1. Sua origem

A Reforma estabeleceu o direito do juízo privado acerca da religião e da Bíblia, independente da autoridade sacerdotal e da

Igreja. Um resultado inevitável aconteceu: enquanto alguns pensadores aceitaram as idéias antigas da Bíblia como livro sobrenatural, outros começaram a considerar a razão como autoridade suprema e a defender uma interpretação racional, não sobrenatural, das Escrituras. Aqueles que seguiam a razão, em prejuízo do sobrenatural, foram chamados "racionalistas". Embora o germe do racionalismo existisse na Inglaterra e na Alemanha desde o princípio do século XVIII, suas atividades como movimento distinto começaram com Johann Semler (1725-1791), o qual defendia que coisa alguma recebida pela tradição devia ser aceita sem ser posta à prova, que a Bíblia devia ser julgada pela mesma crítica que era aplicada a qualquer escrito antigo, que o relato dos milagres devia ser desacreditado e que Jesus era unicamente homem, e não um ser divino.

2. Seu crescimento

O espírito racionalista cresceu, e quase todas as universidades da Alemanha foram dominadas por ele. O racionalismo alcançou seu apogeu com a publicação do livro *A vida de Jesus*, de Frederico Strauss, em 1835, no qual tentou demonstrar que os relatos dos Evangelhos eram mitos e lendas. Essa obra foi traduzida por George Eliot (Marian Evans) em 1846 e obteve ampla circulação na Inglaterra e na América do Norte.

3. Sua decadência e seus efeitos

Os três grandes líderes que fizeram a corrente do pensamento no século XIX mudar de racionalista para ortodoxa foram: Schleiermacher (1769-1834), muito justamente chamado "o maior teólogo do século XIX", Neander (1789-1850) e Tholuck (1790-1877). Os ensinos do racionalismo despertaram um novo espírito de investigação e fizeram muitos teólogos e intérpretes da Bíblia se apresentarem para defender a verdade. Dessa forma, conseguiu-se que o conteúdo da Bíblia e as doutrinas do cristianismo fossem amplamente estudados e entendidos mais inteligentemente. Por exemplo, até então a vida de Cristo nunca fora escrita de forma escolástica. Depois do livro de Strauss (1835), as obras profundas sobre a vida de Jesus contam-se aos milhares. O racionalismo, que ameaçava proscrever e paralisar os efeitos do cristianismo, na verdade o que conseguiu foi aumentar a sua força.

IV. O MOVIMENTO ANGLO-CATÓLICO

1. Nomes

Por volta do ano de 1875, apareceu uma tendência na igreja da Inglaterra que provocou forte controvérsia e, em seus variados aspectos, recebeu diferentes nomes. Em razão do seu propósito foi chamado "o movimento anglo-católico", mas, por haver surgido na Universidade de Oxford, também foi conhecido por "movimento de Oxford". Esse movimento foi divulgado mediante a publicação de 90 tratados numerados, escritos por vários autores defendendo suas idéias, sendo por isso também chamado "o movimento tratadista". Freqüentemente era também mencionado pelos adversários como "movimento puseyista", ou "puseyismo", por causa do nome de um de seus defensores.

2. Objetivo

Tratava-se de um esforço para separar a igreja da Inglaterra do protestantismo e restaurar as doutrinas e práticas dos primeiros séculos, quando a Igreja cristã era uma só e não necessitava de reformas. Os líderes do movimento marcaram seu início em 1827, com a publicação do *Ano cristão*, de John Keble, uma série de poemas que despertaram um novo interesse na Igreja.

3. Começo

O princípio, entretanto, foi um sermão pregado por Keble, em julho de 1833, na Igreja de Santa Maria, Oxford, sobre a "Apostasia Nacional". Logo a seguir, começou a aparecer uma interessante série de "Tratados de Atualidade", acerca da forma de governo, doutrinas e adoração da igreja da Inglaterra, que durou de 1833 até 1841.

4. Líderes

Apesar de haver sido Keble o inspirador do movimento, e de manter por ele inteira simpatia, o líder foi John Henry Newman, o qual escreveu muitos dos "Tratados de Atualidade", e cujos sermões no púlpito de Santa Maria eram a apresentação popular da causa.

Outro dos grandes defensores foi o competente, erudito e profundamente religioso Eduardo B. Pusey. Milhares de proeminentes clérigos e leigos da igreja da Inglaterra apoiaram ativamente o movimento. Levantou-se grande controvérsia, por isso os líderes foram denunciados como romanistas em seu espírito e propósito, mas o efeito geral foi o de fortalecer e elevar os padrões da Igreja.

5. Tendência e resultados

Como o espírito do movimento era no sentido de desacreditar a Reforma e promover o anglo-catolicismo, claro está que possuía uma inevitável tendência para Roma. Em 1845, seu principal líder, Newman, seguindo a lógica de suas convicções, ingressou na igreja católica romana. Essa separação, seguida de outras, causou certo choque, mas não deteve a corrente anglo-católica.

Perguntas para revisão

- Qual é o título, o tema, ou como é chamado o sexto período da história da Igreja?
- Mencione os nomes dos seis períodos.
- Quais os acontecimentos e quais as datas com que se iniciou e terminou o período moderno?
- Mencione os cinco grandes movimentos desse período.
- Relate também o movimento puritano sob os sucessivos governantes da Inglaterra.
- Quais as três denominações que surgiram desse movimento?
- Qual era a situação do cristianismo na Inglaterra na primeira parte do século XVIII?
- Quais foram os três grandes líderes que se levantaram nessa época?
- Qual o avivamento ocorrido?
- Mencione os líderes e os resultados do avivamento.
- Que vem a ser movimento racionalista?
- Onde se originou esse movimento e em que data?
- Mencione alguns de seus líderes.
- Quem ajudou a Igreja a sair do movimento racionalista?
- Quais foram alguns dos resultados desse movimento?
- Que significa o movimento de Oxford?
- Quais os outros nomes que lhe foram atribuídos e por quê?
- Como se originou esse movimento?
- Quais os seus propósitos?
- Quais foram alguns dos resultados?

22
A Igreja moderna — segunda parte

O movimento missionário moderno
Líderes do período moderno
A Igreja no século XX

V. O MOVIMENTO MISSIONÁRIO MODERNO

1. Missões na igreja primitiva

Durante um período de mil anos, a partir dos dias apostólicos, o cristianismo foi uma instituição ativa na obra missionária. Nos primeiros quatro séculos de sua história, a Igreja converteu o império romano ao cristianismo. Depois, seus missionários encontraram-se com as hordas dos bárbaros que avançavam e os conquistaram antes que os bárbaros conquistassem o Império Romano do Ocidente.

2. O descuido de missões nos períodos medieval e da Reforma

Depois do século X, a Igreja e o Estado, o papa e o imperador, estavam em luta pelo domínio supremo, de modo que o espírito missionário arrefeceu, embora não tenha desaparecido inteiramente. A Reforma estava interessada no propósito de purificar e reorganizar a Igreja, antes de expandi-la. Já demonstramos que, no último período da Reforma, o primeiro movimento para cristianizar o mundo pagão não foi realizado por protestantes, mas pelos católicos romanos, sob a orientação de Francisco Xavier.

3. As missões estrangeiras morávias, 1732

Desde 1732, os morávios iniciaram o estabelecimento de missões estrangeiras, enviando Hans Egede à Groenlândia, e logo após a mesma igreja estava trabalhando entre os índios da América do Norte, entre os negros das Antilhas e nos países orientais. Proporcionalmente ao pequeno número de membros em seu país, nenhuma outra denominação sustentou tantas missões como a igreja dos morávios em toda a sua história.

> **Os irmãos morávios e o Brasil**
>
> Fato interessante é que, em 1835, no Brasil, o regente Diogo Antônio Feijó pediu ao marquês de Barbacena, que então se encontrava em Londres, que providenciasse a vinda para o Brasil de dois grupos de missionários morávios, para que se dedicassem à educação dos indígenas brasileiros. O projeto não vingou em virtude da forte oposição da igreja católica, mas demonstra claramente o respeito que os morávios conquistaram em várias regiões do mundo por seu trabalho missionário tão dedicado. (JORGE PINHEIRO)

4. As missões estrangeiras inglesas

O fundador das missões modernas da Inglaterra foi William Carey. Inicialmente, foi sapateiro. Autodidata, em 1789 tornou-se ministro da igreja batista. Tendo contra si próprio forte oposição, insistiu em enviar missionários ao mundo pagão. Um sermão que pregou em 1792, que tinha dois títulos, "Empreendei grandes coisas para Deus" e "Esperai grandes coisas de Deus", foi a causa da organização da Sociedade Missionária Batista e também contribuiu para o envio de Carey à Índia. Carey foi impedido de desembarcar pela Companhia Inglesa das Índias Orientais, que na época governava a Índia, mas foi acolhido em Serampore, colônia dinamarquesa próxima a Calcutá.

Apesar de não haver recebido instrução escolar em sua mocidade, Carey chegou a ser um dos homens mais eruditos do mundo no que diz respeito ao sânscrito e outras línguas orientais. Suas gramáticas e dicionários são usados ainda hoje. De 1800 a 1830, foi professor de literatura oriental no Colégio de Fort William, em Calcutá. Carey morreu em 1834, reverenciado por todo o mundo como o pai de um grande movimento missionário.

As missões inglesas no Brasil

Falar das missões inglesas leva-nos a falar de Brasil, já que, a partir de 1810, os ingleses inauguraram duas capelas no Rio de Janeiro e alguns anos depois a Sociedade Bíblica Britânica passou a enviar caixas de Escrituras Sagradas que eram distribuídas no Rio de Janeiro. Talvez o missionário mais expressivo desse momento inicial de presença missionária inglesa em terras brasileiras tenha sido Robert Reid Kalley (1810-1888). Médico escocês, ele veio para cá com a esposa e aqui se tornou amigo do imperador Pedro II. Kalley iniciou um trabalho de evangelização marcante, e no dia 11 de junho de 1858 batizou Pedro Nolasco de Andrade, o primeiro brasileiro da Igreja Evangélica, que mais tarde recebeu o nome de Igreja Evangélica Fluminense. O trabalho missionário e evangelístico de Kalley esteve voltado para todas as classes sociais, mas duas conversões repercutiram na sociedade da época: o batismo de dona Gabriela Augusta Carneiro Leão — irmã do duque de Paraná e do barão de Santa Maria — e de sua filha d. Henriqueta. Esses batismos aconteceram no dia 7 de janeiro de 1859. O trabalho missionário de Kalley foi tão importante, que o senador de Alagoas, A. de Barros Leite, afirmou em 1859, que "daqui a alguns anos haveremos de ter muitos protestantes, há de crescer o número de igrejas protestantes. Elas hão de ter os seus sínodos, os seus prelados e suas leis de disciplina. Quem há de fiscalizar isso? O Sr. D. Pedro II, quer queira ou não queira, há de ser o chefe, ao menos Fiscal Supremo de todos esses cultos, entretanto, não temos uma lei que os regule". (Émile G. LEONARD, *O protestantismo brasileiro*. São Paulo: ASTE, 2002, p. 59). E, assim, a partir da ação civilizatória protestante de Kalley na sociedade brasileira, no dia 11 de setembro de 1861 o Conselho de Estado da monarquia brasileira aprovou lei que reconhecia, para efeitos civis, os casamentos celebrados nas igrejas protestantes. (JORGE PINHEIRO)

5. As missões estrangeiras norte-americanas

O movimento missionário na América do Norte teve sua primeira inspiração na famosa "reunião de oração" que se realizou no Colégio Williams, em Massachusetts, no ano de 1811. Um grupo de estudantes reuniu-se no campo para orar acerca de missões. Nessa ocasião, desabou fortíssima tempestade. Os estudantes refugiaram-se num depósito de feno e ali consagraram sua vida à obra de Cristo no mundo pagão.

Como resultado dessa reunião, fundou-se a Junta Americana de Comissionados para Missões Estrangeiras, a qual, no princípio, era interdenominacional; mais tarde, porém, outras igrejas fundaram suas próprias sociedades e a Junta Americana ficou pertencendo às igrejas congregacionais. A Junta Americana enviou inicialmente quatro missionários. Newel e Hale foram enviados à Índia. Judson e Rice, enviados ao Extremo Oriente, durante a viagem mudaram de idéia acerca do batismo nas águas e desligaram-se da Junta Americana. Essa atitude levou à organização da Sociedade Missionária Batista Americana, e Judson e Rice iniciaram o trabalho missionário na Birmânia. O exemplo dos congregacionais e dos batistas foi seguido também por outras denominações, de modo que, depois de alguns anos, cada igreja tinha sua própria junta e seus próprios missionários.

As missões norte-americanas no Brasil

O reverendo Kidder, metodista norte-americano, foi o grande desbravador das missões modernas no Brasil. Pesquisou e escreveu sobra a sociedade e o catolicismo no Brasil e centrou seu trabalho de evangelização principalmente na difusão das Escrituras Sagradas, na tradução de Figueiredo, que era autorizada pela hierarquia católica. Em seu trabalho de difusão das Escrituras, através da implantação de depósitos de bíblias em várias cidades brasileiras, mas principalmente no Rio de Janeiro e em São Paulo, Kidder teve o apoio de políticos e personalidades da monarquia brasileira, como o regente Diogo Antônio Feijó, que era padre.

Apesar do pioneirismo de Kidder, podemos afirmar que as missões norte-americanas entraram de fato no Brasil no dia 12 de agosto de 1859, quando o reverendo Ashbel Green Simonton, da Igreja Presbiteriana dos Estados Unidos desembarcou no Rio de Janeiro. O trabalho presbiteriano foi transferido para São Paulo, mas não cresceu muito. No dia 23 de outubro de 1864, o padre José Manuel da Conceição, conhecido como "o padre protestante" por suas idéias reformadoras, foi batizado pelo reverendo Blackford. Foi a partir daí, com o prestígio e o espírito missionário do padre José Manuel da Conceição, que o protestantismo de fato começou a criar raízes no Brasil. (JORGE PINHEIRO)

6. As condições missionárias atuais

Atualmente, quase não há país na Terra que não conheça o evangelho. Escolas cristãs, hospitais, orfanatos e outras instituições filantrópicas estão semeadas em todo o mundo pagão, resultantes da obra missionária, e os gastos anuais das diferentes juntas chegam a muitos milhões de dólares. A característica mais evidente da igreja atual, especialmente a da América do Norte e Inglaterra, e, mais recentemente, a de outros países com forte vocação missionária, como o Brasil, é seu profundo e amplo interesse em missões estrangeiras.

VI. LÍDERES DO PERÍODO MODERNO

Dos muitos grandes homens que se levantaram nos últimos três séculos, é difícil mencionar os principais no que se refere a pensamentos e atividades cristãs. Contudo, aqueles que vamos mencionar podem ser apontados como homens representativos dos movimentos de seu tempo.

1. Richard Hooker, 1554-1600

Richard Hooker foi o autor da obra mais famosa e influente na constituição da igreja da Inglaterra. Filho de pais pobres, conseguiu auxílio para educar-se na Universidade de Oxford, na qual conquistou altos conhecimentos em diferentes assuntos e foi nomeado instrutor, catedrático e conferencista, nessa ordem. Foi ordenado em 1582 e, durante algum tempo, foi pastor em Londres, associado a um eloqüente puritano, apesar de Hooker ter idéias anglicanas.

Suas controvérsias no púlpito fizeram Hooker procurar uma igreja rural, onde dispusesse de tempo para seus estudos. O grande trabalho de Hooker foi *As leis do governo eclesiástico*, em oito volumes, a apresentação mais hábil do sistema episcopal que já se publicou, e do qual a maioria dos escritores, desde então, extrai seus argumentos. Contudo, mostra-se liberal em suas atitudes para com as igrejas não episcopais e é singularmente livre do espírito amargo da controvérsia. Hooker tinha apenas 47 anos quando do morreu.

2. Thomas Cartwright, 1535-1603

Thomas Cartwright pode ser considerado o fundador do puritanismo, apesar de não ter sido o maior de seus membros.

Essa honra cabe a Oliver Cromwell, cujo registro de grandeza está na história do Estado, e não na da Igreja. Cartwright alcançou o lugar de professor de teologia na Universidade de Cambridge, em 1569, embora tenha perdido essa posição no ano seguinte, por causa de suas opiniões que foram publicadas e não agradaram à rainha Elizabeth nem aos principais bispos.

Cartwright defendia a idéia de que as Escrituras contêm não somente a regra de fé e doutrina, mas também do governo da Igreja; que a Igreja deveria ser presbiteriana em seu sistema; que não somente deveria estar separada do Estado, mas praticamente acima do Estado. Era tão intolerante quanto o prelado em sua defesa ardorosa de uma religião uniforme e posta em vigor pelas autoridades civis, contanto que a Igreja fosse presbiteriana e sua doutrina a de João Calvino.

Durante vários anos, Cartwright foi pastor nas ilhas Guernsey e Jersey, nas quais estabeleceu igrejas da mesma fé que professava. Entretanto, de 1573 a 1592 passou a maior parte do tempo na prisão ou exilado no continente. Parece que os últimos nove anos ele os passou afastado das atividades. Mais tarde, suas idéias dominaram a Câmara dos Comuns, ao passo que as dos prelados dominavam a Câmara dos Lordes. A luta entre os dois partidos culminou com a guerra civil e o governo de Cromwell.

3. Jonathan Edwards, 1703-1758

Jonathan Edwards é considerado o primeiro de todos os norte-americanos em metafísica e teologia, bem como o maior teólogo do século XVIII nos dois lados do Atlântico. Nele combinavam-se a lógica mais aguda, o ardor mais intenso na investigação teológica e um piedoso fervor espiritual. Desde a infância, demonstrou inteligência precoce. Quando se graduou no Colégio de Yale, com 17 anos, já havia lido de forma intensa a literatura filosófica de todas as épocas e do seu próprio tempo. Em 1727, tornou-se pastor, associado com seu avô, na igreja congregacional em Northhampton, e logo se distinguiu como ardente defensor de uma sincera vida espiritual.

Do púlpito que Jonathan Edwards ocupou, saiu "O Grande Despertamento", um avivamento que se espalhou por todas as colônias norte-americanas. A oposição que se iniciou contra o que era aceito em toda a Nova Inglaterra, mediante o qual as pessoas eram admitidas como membros das igrejas sem terem caráter religioso definido, levantou contra ele o sentimento de muitos e culminou com a sua expulsão da igreja, em 1750. Durante oito anos, foi missionário entre os índios. Foi nesse tempo de retiro espiritual que escreveu a monumental obra *A vontade livre*, que desde então passou a ser o livro-texto do calvinismo na Nova Inglaterra. No ano de 1758, foi eleito presidente do Colégio Princeton, mas, após algumas semanas de atividade, morreu, com a idade de 55 anos.

4. John Wesley, 1703-1791

John Wesley nasceu em Epworth, no norte da Inglaterra, no mesmo ano em que Jonathan Edwards nasceu na América, em 1703; mas Wesley viveu mais do que ele um terço de século. O pai de Wesley foi reitor da igreja da Inglaterra, em Epworth, durante quarenta anos. Contudo, Wesley recebeu maior influência de sua mãe, descendente de ministros puritanos e não-conformistas. Ela foi mãe e professora de 18 filhos. Wesley graduou-se no Colégio da Igreja de Cristo, em Oxford, em 1724, e foi ordenado ministro da igreja da Inglaterra. Durante alguns anos, foi membro do conselho da Universidade Lincoln. Nesse tempo, uniu-se a um grupo de estudantes de Oxford, que aspirava a uma vida santa e era chamado zombeteiramente "o Clube Santo". Em razão do modo de vida desses estudantes, deram-lhes depois o nome de "metodistas", que alguns anos mais tarde se tornou definitivo para os seguidores de Wesley.

No ano de 1735, Wesley e seu irmão mais novo, Charles, foram enviados como missionários à nova colônia da Geórgia. Seu trabalho não teve muito êxito, e por isso regressaram à Inglaterra, após dois anos na América. Esse período foi decisivo na vida de ambos, pois foi nessa época que eles conheceram um grupo de morávios, seguidores do conde Zinzendorf, e por intermédio dos novos amigos alcançaram conhecimento experimental de uma vida espiritual. Até então, o ministério de Wesley havia sido um fracasso, mas a partir dessa data nenhum ministro na Inglaterra despertava tão grande interesse como ele, exceto George Whitefield. Wesley viajava a cavalo por toda a Inglaterra e Irlanda, pregando, organizando sociedades e orientando-as durante os longos anos de vida, que durou até quase o fim do século XVIII. Como resultado de suas atividades, não somente se instituiu o corpo wesleyano na Inglaterra sob várias formas de organização, mas também surgiram as igrejas metodistas na América do Norte e no mundo inteiro, elevando-se seus membros a muitos milhões. Wesley morreu em 1791, com a idade de 88 anos.

5. John Henry Newman, 1801-1890

John Henry Newman, pela habilidade e estilo lúcido de seus escritos, pela clareza de suas idéias, pelo fervor de sua pregação e, sobretudo, por uma rara atração pessoal, foi o líder do movimento anglo-católico do século XIX. Recebeu o diploma do Trinity College de Oxford no ano de 1820 e foi nomeado membro do conselho do Oriel College, com as honras mais elevadas, em 1822. No ano de 1828, foi ordenado pela igreja da Inglaterra e alcançou o lugar de vigário da Igreja de Santa Maria, a igreja da universidade, na qual, mediante seus sermões, conseguiu exercer influência dominante sobre os homens de Oxford durante uma geração inteira.

Apesar de o conhecido movimento de Oxford haver sido iniciado por Keble, seu verdadeiro líder foi Newman. Ele escreveu 29 dos 90 tratados e inspirou a maioria dos restantes. Por causa de o movimento que liderava não ter o apoio das autoridades da universidade nem dos bispos da Igreja, e também porque suas idéias tenham sido revistas, Newman, em 1843, renunciou ao cargo que ocupava em Santa Maria e retirou-se para uma igreja em Littlemore. Ali viveu até o ano de 1845, quando então foi recebido na igreja católica romana.

Depois dessa mudança de relações eclesiásticas, ainda viveu quarenta e cinco anos, a maior parte dos quais em Birmingham, em menor evidência do que no passado, mas ainda querido por seus amigos. Seus escritos foram muitos; contudo os que mais circularam foram os tratados e vários volumes de sermões. O livro que publicou em 1864, cujo título era *Apologia Pro Vita Sua*, um relato de sua própria vida religiosa e mudança de opinião, demonstrou sua completa sinceridade e aumentou a reverência que já era sentida por ele, excetuando a de alguns mordazes opositores. Foi ordenado cardeal em 1879 e morreu em Birmingham em 1890. Sua influência foi marcante.

VII. A IGREJA NO SÉCULO XX
1. Questões sociais

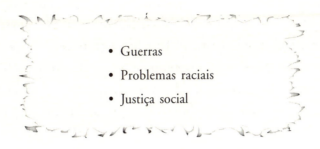

- Guerras
- Problemas raciais
- Justiça social

A igreja do século XX enfrentou seus maiores problemas tanto na área social quanto nos domínios eclesiásticos. As guerras ocorridas no século, quer em seus mais amplos ou menores conflitos, levaram a Igreja a ter de optar sobre qual atitude tomar em relação às conflagrações. Na Primeira Guerra Mundial, a tendência da Igreja, em quase todo país cristão envolvido, foi a de considerar a luta, um tanto superficialmente, uma espécie de "guerra santa" do país, a serviço de Deus, e cumprir sua missão de misericórdia de "santificar" o conflito, fosse colaborando no recrutamento dos combatentes e na venda de bônus de guerra ou garantindo o céu àqueles que morressem em combate. Já na Segunda Guerra, a Igreja, de um modo geral, resistiu a qualquer chamamento relacionado ao ódio entre os povos, aliou-se de modo consciente aos que abominavam a luta armada, colocou-se em oração pelos irmãos em Cristo envolvidos em ambos os lados da conflagração, engajou-se em atos verdadeiramente misericordiosos e colaborou significativamente na reconstrução dos países após a guerra.

Outro grave problema a exigir e questionar a Igreja foi o das relações raciais, em países como a África do Sul, com o seu sistema de *apartheid*, ou seja, de separação racial, e os Estados Unidos, com a discriminação das pessoas de etnia negra. Na nação americana, o problema parecia solucionado desde a Guerra de Secessão e a abolição da escravatura, no século anterior, mas esses atos não deram totalmente ao negro, de fato, um lugar na sociedade equivalente ao do branco. A migração de negros de cidades sulistas para o norte dos Estados Unidos tornou a questão um problema de âmbito nacional. Nos anos mais recentes, muitas conquistas foram sendo feitas, inegavelmente, em direção à integração racial total no país, em diversos setores, como nas forças armadas, nos colégios e universidades e nas oportunidades de natureza econômica e social. Para isso, no entanto, grandes desafios tiveram de ser enfrentados e superados pela nação e pela Igreja, sobretudo no interior do país. Educação igualitária e melhor, possibilidades de mais justo trabalho, oportunidades e moradia para os negros tornaram-se uma realidade nos Estados Unidos. Em tudo isso, pôde a igreja norte-americana agir perfeitamente como consciência viva da nação e colaboradora ativa da boa ordem social.

A questão da justiça social e econômica, por sua vez, encontra-se intimamente vinculada à da justiça econômica na ocasião mesma em que o antigo imperialismo desaparecia e vinham à tona, em conseqüência, novas nações. Aqui também a Igreja colaborou na afirmação de princípios que serviriam de orientação à consciência dos líderes. O sistema alternativo do comunismo, que chegou a dominar uma terça parte do mundo, provou, afinal, oferecer um falso programa de justiça social e econômica forçada, com um alto custo para a vida e a liberdade. Mostraram-se cada vez mais necessários, então, novos estudos das normas da Igreja, da palavra da Bíblia, da pregação no púlpito e das práticas e atitudes individuais do cristão como cidadão.

2. Desagregação causada pelo liberalismo

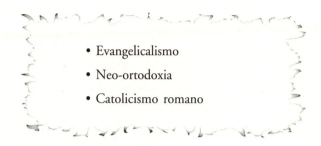

- Evangelicalismo
- Neo-ortodoxia
- Catolicismo romano

O problema da depressão econômica e das duas guerras mundiais acelerou uma desagregação causada por um liberalismo teológico de caráter ingênuo. A doutrina essencial desse liberalismo consistia num cristianismo secular ou humanista, tendo como padrão ou exemplo a ação ética do homem, o qual não seria então um pecador e poderia encontrar uma forma de poder conviver em perfeita ordem.

A primeira reação do fundamentalismo cristão contra o liberalismo, que se apoiava na teoria da evolução e na crítica bíblica, foi negativa. Isso ficou evidente em processos de acusação ocorridos em 1925 e nas acusações de heresia levantadas por diversas denominações cristãs. A partir da época da Segunda Guerra Mundial, surgiu um evangelicalismo mais positivo em sua afirmação da verdade. Escolas bíblicas como as de Moody, institutos de ensino bíblico como o Wheaton e seminários teológicos como os de Fuller e Dallas passaram a formar líderes comprometidos com a doutrina e a prática evangélica em todos os procedimentos da vida. A ação social de caráter bíblico e a proclamação do evangelho ganharam atenção maior da revista *Christianity Today* [Cristianismo hoje], do evangelista Billy Graham e da Associação Nacional dos Evangélicos, nos Estados Unidos.

Muitos dos liberais, depurados pelos acontecimentos das guerras e da depressão econômica, passaram a constituir uma nova corrente, a neo-ortodoxia, conforme proclamado por Karl Barth e seus sucessores. Embora fiéis às idéias da crítica bíblica, os neo-ortodoxos admitiam a universalidade do pecado e a necessidade de o homem vir a ser confrontado, para ser inquirido e ter de prestar contas, perante um Deus santo, que poderia purificá-lo. Ao contrário dos antigos liberais, que achavam que a Bíblia continha a palavra de Deus, ou dos evangélicos, que diziam ser a Bíblia a própria palavra de Deus, afirmavam os neo-ortodoxos que a Bíblia se tornava a palavra de Deus a partir de uma crise, pela ação do Espírito Santo. Exceto por alguns de seus adeptos, como Reinhold Niebuhr, a neo-ortodoxia não se voltava para os problemas contemporâneos.

Os ventos de mudança vieram a soprar também sobre o monopólio monolítico de salvação unicamente por seu intermédio, como proclamado pela igreja católica romana. Durante os pontificados de Pio XI e Pio XII, até 1958, a igreja papal firmou forte posição contra o comunismo, que afirmava ser uma ameaça à sua segurança. Para isso, procurou usar as nações do Ocidente, até mesmo Estados totalitários, como a Alemanha nazista e a Itália fascista, como baluartes contra o comunismo. Sob João XXIII e Paulo VI, a estratégia mudou para uma pregação anticomunista moderada e uma certa coexistência e cooperação limitadas com aquele regime, conforme aconteceu, por exemplo, na Polônia. Uma atitude mais cooperadora veio a ser tomada também para com as igrejas protestantes e a ortodoxa. No Concílio Vaticano II (1963-1965), o papa João XIII deu toda a ênfase a um *aggiornamento*, ou seja, a uma atualização da igreja católica. Observe-se, porém, que essas atitudes em nada afetaram qualquer dogma essencial ou a política geral da igreja romana. Os resultados obtidos foram simplesmente tornar a missa a ser rezada e cantada inteiramente em cada idioma local, e não mais em latim, como antes; permitir aos fiéis leigos a leitura da Bíblia e promover o diálogo com outras igrejas cristãs, dentro de objetivos ecumênicos.

3. Ecumenismo

No que toca ao ecumenismo, a tendência à reunião das igrejas tem resultado, desde alguns anos, em cooperação interdenominacional, nos moldes da Sociedade Bíblica Americana, da Mocidade para Cristo e outros grupos. A reunião orgânica de grupos iguais ou similares resultou, por exemplo, na atual igreja metodista, nos Estados Unidos, formada em 1939 da união dos metodistas do norte e do sul desse país; e da reunião de alguns grupos diferentes de metodistas, presbiterianos e congregacionais, em 1925, na Igreja Unida do Canadá. A principal tendência, no entanto, tem sido a da confederação de grupos análogos, como a Conferência Anglicana de Lambeth, existente desde 1867, ou de diferentes denominações, como o Conselho Nacional de Igrejas, fundado em 1948, em Amsterdã, Holanda. Relacionadas estão entre si a Associação Nacional de Evangélicos, criada em 1943, e a Comunhão Evangélica Mundial [World Evangelical Fellowship], que data de 1951. É de esperar que todas elas não constituam tãosomente meras organizações, mas, sim, que nelas, acima de tudo, reinem a pureza da doutrina da Igreja, a comunhão em Cristo e o serviço cristão realizado com todo o amor.

Perguntas para revisão

- • Durante quanto tempo foi o cristianismo primevo uma instituição missionária?

- Qual era sua situação durante grande parte do período medieval?
- Quais foram os primeiros missionários depois da Reforma?
- Qual igreja iniciou o movimento missionário protestante?
- Quem foi o fundador das missões inglesas modernas?
- Faça um relato da vida dele.
- Que foi a reunião de oração do depósito de feno e qual o seu resultado?
- Mencione os nomes de seis líderes da Igreja moderna.
- Faça um relato de cada um desses líderes.
- Cite três características marcantes da Igreja no início do século XX.
- Que adversário no leste da Europa e na Ásia a igreja católica romana houve por bem enfrentar?

Esboço dos capítulos 23-25

IGREJAS NOS ESTADOS UNIDOS

I. A IGREJA CATÓLICA ROMANA (Capítulo 23)

1. Católicos espanhóis
2. Católicos franceses
3. Católicos ingleses
4. Imigração católica e governo católico

II. A IGREJA PROTESTANTE EPISCOPAL

1. Na Virgínia e em Nova York
2. Durante a Guerra da Independência
3. Primeiros bispos (1784, 1787) e membros
4. Organização

III. IGREJAS CONGREGACIONAIS

1. Os Peregrinos, 1620
2. Organização
3. Desenvolvimento
4. Doutrinas

IV. IGREJAS REFORMADAS

1. As igrejas reformadas na América do Norte
2. Outras igrejas reformadas nos Estados Unidos
3. Doutrinas e organização

V. BATISTAS

1. Princípios
2. Sistema eclesiástico
3. Origem na Europa
4. Na América do Norte
5. Grupos batistas
6. Missões batistas

VI. SOCIEDADE DOS AMIGOS (QUACRES)

1. George Fox
2. Doutrina quacre
3. Divisões
4. Organização

VII. LUTERANOS (Capítulo 24)

1. Desenvolvimento e organização
2. Doutrinas

VIII. PRESBITERIANOS

1. Origem
2. Durante a Guerra da Independência
3. Divisões
4. Doutrinas
5. Governo

IX. METODISTAS

1. Primeira Conferência
2. Conferência de 1784

3. Ramificações

4. Doutrinas e organização

X. Irmãos Unidos

1. Origem

2. Doutrinas

3. Forma de governo

4. Divisão

XI. Discípulos de Cristo

1. Origem

2. Propósitos

3. Normas doutrinárias

4. Sistema eclesiástico e desenvolvimento

XII. Unitários

1. Doutrinas

2. Origem

XIII. Ciência Cristã

1. Sua fundadora

2. Crenças

O evangelho na América Latina (Capítulo 25)

1. Watkins, assassinado a punhaladas

2. O México metodista

3. Tiago Pascoe, o apologista

4. Guatemala, Nicarágua e El Salvador

5. O Chile de Trumbull e Gilbert
6. Bolívia e Peru
7. Equador e Venezuela
8. Argentina, evangelização e escolas
9. Uruguai, Porto Rico e São Domingos
10. O Brasil: dos huguenotes aos presbiterianos

23

IGREJA NOS ESTADOS UNIDOS — PRIMEIRA PARTE

A igreja católica romana
A igreja protestante episcopal
Igrejas congregacionais
Igrejas reformadas
Batistas
Sociedade dos Amigos (quacres)

Os Estados Unidos da América têm sido marcados por forte presença e atuação da Igreja cristã desde seu nascimento como nação. Atualmente são inúmeras as igrejas e denominações religiosas existentes nesse país, considerado o de maior contingente evangélico no mundo e de maior influência e participação na obra missionária contemporânea. Mencionaremos somente as denominações mais relevantes e o faremos de forma abreviada segundo a ordem de seu estabelecimento na América.

I. A IGREJA CATÓLICA ROMANA

1. Católicos espanhóis

Em razão de as primeiras expedições, chegadas ao Novo Mundo com a finalidade de descobrir, conquistar e colonizar, haverem sido realizadas por nações como Espanha, Portugal e França, nações católicas romanas, a primeira igreja que se estabeleceu no continente americano, tanto na América do Sul como na América do Norte, foi a católica. A história do catolicismo na América inicia-se no ano de 1494, quando Colombo, na sua segunda viagem, levou 12 sacerdotes, a fim de converterem as raças nativas. Aonde quer que fossem para conquistar terras, os espanhóis iam sempre acompanhados por clérigos, que estabeleciam seu sistema religioso. As primeiras igrejas nos Estados Unidos estabeleceram-se em St. Augustine, na Flórida, em 1565, e em Santa Fé, no atual Novo México, no ano de 1609.

O método espanhol era escravizar os habitantes dos países descobertos, obrigá-los a converter-se e forçá-los a construir templos e mosteiros semelhantes aos que havia na Espanha. Alguns dos antigos edifícios de missões, estruturas sólidas, atualmente em ruínas e abandonados, ainda podem ser vistos no Texas e na Califórnia. Como resultado da ocupação dos espanhóis, o território da Flórida à Califórnia, no século XVIII, estava inteiramente dominado pela igreja católica romana. Contudo, essa vasta área era escassamente povoada, pois os espanhóis, apesar de bons conquistadores, eram lentos em colonizar.

2. Católicos franceses

Pouco depois do domínio espanhol no sul, deu-se a ocupação francesa do norte, no rio São Lourenço, na chamada "Nova França", ou seja, o Canadá. A cidade de Quebec foi fundada em 1608, e a de Montreal, em 1644. Em 1663, o número de imigrantes franceses no Canadá não ia além de 2,5 mil pessoas. Mas depois os colonizadores intensificaram a imigração, de modo que o registro de nascimentos na América era mais elevado do que na França.

Desse modo, a região do rio São Lourenço, desde os Grandes Lagos até o oceano Atlântico, foi rapidamente ocupada por devotados franceses católicos, em sua maioria analfabetos, e muito mais submissos aos sacerdotes do que seus compatriotas católicos da França. No Canadá, dedicou-se grande empenho em converter os índios à fé católica, e a história não registra atos mais heróicos e abnegados do que os dos jesuítas nas colônias francesas. Seus métodos estavam em acentuado contraste com os da América espanhola. Os franceses conquistavam a amizade dos índios mediante a amizade e a abnegação que demonstravam.

Nos meados do século XVIII, todo o território do grande noroeste até além dos montes Alleghanies estava sob a influência francesa. O sudoeste era governado pela Espanha, e em ambas as posições dominava a igreja católica, ao passo que somente uma estreita faixa da costa do Atlântico era protestante, nas colônias inglesas. Qualquer prognóstico feito nessa época apontaria os católicos como destinados a governar todo o continente. Entretanto, a conquista britânica do Canadá em 1759, e mais tarde a cessão da Louisiana e do Texas aos Estados Unidos, fez o protestantismo passar a predominar sobre o catolicismo na América do Norte.

3. Católicos ingleses

As colônias inglesas no litoral do Atlântico eram protestantes, exceto os colonizadores de Maryland (1634), que eram católicos ingleses e cujo culto lhes era proibido em seu próprio país. No Novo Mundo, eles só podiam obter permissão constitucional para colonizar se dessem liberdade a todas as religiões. Não tardou muito para que, sendo a maioria dos colonos protestante, o culto católico fosse proibido, mas logo depois voltou a ser permitido.

Somente no ano de 1790 foi consagrado o primeiro bispo católico romano, no Estado de Maryland, o primeiro nos Estados Unidos. Nessa época, a população católica no país era calculada em 50 mil pessoas.

4. Imigração católica e governo católico

Uma grande corrente de imigração para a América do Norte, procedente da Europa, começou cerca do ano de 1845. No início, a maioria dos imigrantes era católica e procedia principalmente dos condados católicos da Irlanda. A estes seguir-se-iam mais tarde outros milhões do sul da Alemanha e, mais tarde, outros da Itália. Decorrente do aumento natural por via nascimento, imigração e cuidadosa supervisão sacerdotal, a igreja católica nos Estados Unidos progrediu, de modo que atualmente essa população é bem expressiva.

II. A IGREJA PROTESTANTE EPISCOPAL

1. Na Virgínia e em Nova York

A igreja da Inglaterra (episcopal) foi a primeira religião protestante a estabelecer-se na América do Norte. Em 1579, realizou-se um culto sob a direção de *Sir* Francis Drake, na Califórnia. Vários clérigos acompanharam a fracassada expedição de *Sir* Walter Raleigh, em 1587. O estabelecimento permanente da igreja inglesa data de 1607, na primeira colônia inglesa em Jamestown, na Virgínia. A igreja da Inglaterra era a única forma de adoração reconhecida no início, na Virgínia e em outras colônias do sul. Quando Nova York, colonizada pelos holandeses, se tornou território inglês em 1664, a igreja da Inglaterra também foi favorecida e logo reconhecida como igreja oficial da colônia, apesar de outras formas de cultos protestantes também serem permitidas. A Paróquia da Trindade, em Nova York, foi constituída em 1693, e a Igreja de Cristo, na Filadélfia, na 1695.

3. Durante a Guerra da Independência

De todos os clérigos dessa igreja era exigido um juramento de lealdade à coroa britânica; como resultado natural, todos eles foram leais, sendo por isso chamados tóris na Guerra da Independência. Muitos clérigos episcopais deixaram o país; ao findar-se a guerra, foi difícil preencher as vagas nas paróquias, porque a exigência da lealdade à Grã-Bretanha não podia ser satisfeita. Pela mesma razão, não se podiam consagrar bispos.

4. Primeiros bispos (1784, 1787) e membros

No ano de 1784, o reverendo Samuel Seabury, de Connecticut, foi consagrado por bispos escoceses, que não exigiam juramento de lealdade. No ano de 1787, os drs. William White e Samuel Provoost foram consagrados pelo arcebispo de Cantuária, permitindo, dessa maneira, à igreja da América do Norte a sucessão inglesa. A igreja, nos Estados Unidos, tomou o nome oficial de Igreja Protestante Episcopal. O crescimento da igreja episcopal desde então tem sido rápido e constante.

6. Organização

A igreja episcopal reconhece estas três ordens no ministério: bispos, sacerdotes e diáconos, e aceita quase todos os 39 artigos da igreja da Inglaterra, modificados para serem adaptados à forma de governo norte-americano. Sua autoridade legislativa está concentrada numa convenção geral que se reúne periodicamente.

III. IGREJAS CONGREGACIONAIS

1. Os Peregrinos, 1620

Depois da região da Virgínia, onde se estabelecera a igreja da Inglaterra, a região colonizada foi a Nova Inglaterra, iniciando-se com a chegada dos "Peregrinos", que desembarcaram do navio "Mayflower", em Plymouth, na baía de Massachusetts, no mês de dezembro de 1620. Os Peregrinos, em matéria de religião, eram "congregacionalistas separatistas" e os elementos mais radicais do movimento puritano inglês, exilados na Holanda, em razão de suas idéias. Agora procuravam um lar nas terras despovoadas do Novo Mundo.

2. Organização

Antes de desembarcarem em Plymouth, os Peregrinos organizaram-se numa verdadeira democracia, com um governador e um conselho eleito por voto popular, apesar de estarem sob a bandeira inglesa. De acordo com suas convicções, cada igreja local era absolutamente independente de autoridade exterior. Cada igreja fazia o seu próprio programa, chamava e ordenava o seu ministro e tratava de seus próprios negócios. Qualquer concílio ou associação de igrejas exercia apenas uma influência moral, e não uma autoridade eclesiástica sobre as várias sociedades. Eram uma igreja organizada e, como tal, todas as famílias da colônia pagavam contribuições para mantê-la, mas somente os seus membros podiam votar nas eleições do município e da colônia. Gradativamente, as restrições foram abolidas. Contudo, somente no ano de 1818 em Connecticut, e em 1833 em Massachusetts, foi que a igreja e o Estado se separaram de modo absoluto, e o sustento da igreja passou a ser voluntário.

3. Desenvolvimento

As perseguições contra os puritanos por parte dos governantes da igreja inglesa fizeram multidões procurarem refúgio e liberdade na Nova Inglaterra. Por essa razão, as colônias nessa região desenvolveram-se mais rapidamente do que em qualquer outra região no século XVII. Dois colégios foram então fundados, o de Harvard, em Cambridge, e o de Yale, em New Haven, ambos destinados a tornar-se mais tarde grandes universidades, como o são atualmente. Na Nova Inglaterra, a educação em geral estava mais adiantada do que nas demais colônias da América do Norte.

4. Doutrinas

Como os presbiterianos e os congregacionais procediam da igreja da Inglaterra, e ambos os grupos adotavam crenças calvinistas e aceitavam a Confissão de Westminster, suas relações eram amigáveis. Durante muito tempo, vigorou um tácito acordo mútuo, finalmente formalizado em 1801, o Plano de União, segundo o qual os ministros dessas duas denominações poderiam servir a qualquer dos dois grupos. Esse pacto, contudo, foi extinto por determinação de uma convenção congregacional, em 1852. A partir de então, o sistema congregacional progrediu rapidamente nos Estados Unidos, excetuando-se o sul do país. Em 1931, a Igreja Congregacional e a Igreja Cristã (Convenção Geral) uniram-se para formar a Igreja Cristã Congregacional.

IV. IGREJAS REFORMADAS

1. As igrejas reformadas na América do Norte

Nova York foi ocupada pelos holandeses como um centro comercial em 1614. No princípio, a colônia foi chamada Novos

Países Baixos, e a cidade chamava-se Nova Amsterdã. A primeira igreja ali organizada data de 1628, com o nome de Igreja Protestante Reformada Holandesa, e durante a ocupação holandesa era a igreja oficial da colônia. As igrejas pertencentes a essa ordem estabeleceram-se ao norte de Nova Jersey e em ambas as margens do rio Hudson, até Albany. Durante mais de cem anos, os cultos foram realizados em holandês.

No ano de 1664, a colônia foi tomada pela Grã-Bretanha e recebeu então o nome de Nova York, e a igreja da Inglaterra passou a ser a igreja do Estado. Contudo, os cidadãos de ascendência holandesa continuaram a freqüentar a sua própria igreja. As propriedades desta valorizaram-se de forma inesperada com o desenvolvimento da cidade. No ano de 1867, a palavra "holandesa" foi omitida do título da igreja, a qual passou a chamar-se Igreja Reformada da América.

2. Outra igrejas reformadas nos Estados Unidos

Outra igreja reformada de origem alemã foi estabelecida no país no início do século XVIII e passou a chamar-se Igreja Reformada nos Estados Unidos. Entre o povo, porém, uma é conhecida como Reformada Holandesa, e a outra, Reformada Alemã. Uma terceira igreja da mesma ordem foi a Igreja Cristã Reformada, que se desligou da Igreja estatal na Holanda, em 1834. A quarta igreja reformada que apareceu no país chamava-se Verdadeira Igreja Reformada. Vários esforços foram feitos para unir essas quatro igrejas num só organismo, mas inutilmente.

3. Doutrinas e organização

Todas essas igrejas reformadas aderem ao sistema calvinista, ensinam o catecismo de Heidelberg e organizam-se segundo o mesmo plano, parecido com o presbiterianismo, entretanto com nomes diferentes dos corpos eclesiásticos. A junta governamental da igreja local é o consistório. Os consistórios vizinhos formam um conselho. Os conselhos de distrito formam um sínodo, e estes formam o sínodo geral.

V. BATISTAS

1. Princípios

Uma das maiores igrejas existentes na América do Norte é a batista. Seus princípios distintivos são dois: (1) o batismo deve ser ministrado somente àqueles que confessam sua fé em Cristo; por conseguinte, as crianças não devem ser batizadas; (2) a única forma bíblica do batismo é a imersão da pessoa na água, e não a aspersão ou efusão.

2. Sistema eclesiástico

Os batistas são congregacionais em seu sistema de governo. Cada igreja local é absolutamente independente de qualquer jurisdição externa. Para fins de cooperação e congraçamento, as igrejas reúnem-se numa convenção nacional, com assembléia anual e com representantes das igrejas locais para tratar de assuntos concernentes à denominação. Os batistas possuem sólida declaração doutrinária, coerente com as mais ortodoxas confissões de fé históricas. Destacam-se por seu empreendedorismo na obra e pela fidelidade aos seus princípios de fé.

3. Origem na Europa

Os batistas surgiram logo depois do começo da Reforma na Suíça, espalhando-se rapidamente pelo norte da Alemanha, pela

Holanda e Inglaterra. Na Inglaterra, a princípio, estavam unidos com os independentes ou congregacionais, mas pouco a pouco tornaram-se um corpo independente. Com efeito, a igreja de Bedford, da qual John Bunyan era pastor, cerca do ano 1660, considerava-se tanto batista como congregacional.

4. Na América do Norte

Na América do Norte, a denominação batista iniciou suas atividades com Roger Williams, clérigo da igreja da Inglaterra expulso de Massachusetts porque se recusou a aceitar as regras e opiniões congregacionais. Roger fundou a colônia de Rhode Island, em 1644.[1] Ali todas as formas de adoração religiosa eram permitidas, e os membros de religiões perseguidas em outras partes eram bem-vindos. De Rhode Island, os batistas espalharam-se rapidamente por todo o continente.

5. Grupos batistas

Existem vários grupos batistas nos Estados Unidos, dos quais o maior e mais forte é o das igrejas vinculadas à Convenção Batista do Sul dos Estados Unidos, com sede no Estado da Virgínia, organizada em 1845. Os Batistas de Livre Vontade se organizaram em New Hampshire em 1787. Há várias outras ramificações e grupos com esse nome nos Estados Unidos, somando milhões de membros.

6. Missões batistas

Convém lembrar que os batistas da Inglaterra fundaram a primeira sociedade missionária moderna em 1792, e enviaram

---

[1] Algumas autoridades fixam a data do estabelecimento da primeira igreja batista na América no ano de 1639.

William Carey à Índia. A aceitação das idéias batistas por Adoniram Judson e Luther Rice, quando viajavam para a Birmânia, levou à organização da Convenção Geral Missionária Batista, em 1814. Desde então, os batistas têm estado na vanguarda do esforço e do êxito missionários.

Os batistas

As denominações cristãs são formas específicas e históricas da Igreja cristã no mundo. Por isso, no cristianismo, as denominações podem ser vistas como comunidades que integram conjuntos de tradições. E os batistas apresentam-se no mundo através de suas diferentes denominações. Apesar de suas diferenças culturais e de tradições, há elementos nucleadores no pensamento teológico batista de conjunto.

As bases do pensamento teológico contemporâneo devem ser compreendidas à luz do liberalismo do século XVII. A maneira de pensar liberal, formadora do protestantismo moderno, tem por base um sistema de pensamento que prioriza a liberdade de expressão e o exercício dessa liberdade no nível prático, tanto da pessoa como da sociedade.

Esse pensamento moderno bifurcou-se em diferentes caminhos, mas em especial no liberalismo teológico e no liberalismo político e econômico, sempre submetidos à crítica da razão e da experiência.

Essa nova cosmovisão legou ao ser humano não o centro do Universo, mas, a razão, a supremacia capaz de compreender e desvendar todos os mistérios do cosmos. Portanto, os batistas organizaram-se como agrupamento cristão diferenciado, edificados nos princípios liberais do século XVII. O resultado dessa reflexão traduziu-se num *slogan*: igrejas livres em sociedades livres.

Os batistas ingleses e a busca pela liberdade religiosa

A partir de 1603, a Inglaterra viveu momentos de transformação social e política, que foi traduzida pela troca de dinastias: *Tudors* por *Stuarts,* por mudanças de pensamento geradas pelo Renascimento, pela ampla difusão das Escrituras Sagradas, pelo crescimento comercial e pela ação puritana contra a igreja oficial. Tais transformações levaram a uma atitude de repúdio às influências do clero na autoridade monárquica "em nome de Deus" e à oposição ao totalitarismo oligárquico da Igreja.

Assim a igreja anglicana se dividiu. Em 1604, o rei James I começou a perseguir as igrejas protestantes e exigiu a uniformidade religiosa em nome da ordem social. E afirmou que era a autoridade máxima na Igreja e no Estado.

Em 1625, deu-se a sucessão imperial e com Charles I uma nova esperança surgiu para puritanos e dissidentes. Em 1633, porém, William Laud assume como arcebispo da Cantuária e torna-se a maior autoridade eclesiástica inglesa. Laud é nomeado primeiro-ministro e apóia a supremacia do rei sobre a Igreja e o Estado. Começam, então, violentas perseguições contra os puritanos. Em 1640, crescem as tensões entre o Parlamento e o rei.

A discórdia entre o rei e o Parlamento resultou em revolução armada (1642). O rei teve o apoio do exército-modelo, que se colocou contra o Partido Puritano, ou seja, contra o presbiterianismo. O Partido Puritano conquistou a vitória. Mas pouco tempo depois as igrejas separatistas decepcionaram-se, já que os princípios de liberdade religiosa não foram adotados. Em 1648, com a formação do protetorado de Oliver Cromwell, as igrejas batistas deram início às manifestações a favor da liberdade religiosa.

A formação dos princípios da igreja batista

A luta pela liberdade como um bem precioso para o ser humano é conseqüência das cruéis perseguições e injustiças cometidas pelo rci inglês contra as igrejas dissidentes. Isso porque o poder do Estado centralizado no rei e apoiado pela igreja oficial procuravam uniformizar a religião com o objetivo de fortalecer a supremacia da autoridade.

As chamadas igrejas dissidentes opunham-se a esse intento, buscando exatamente o contrário: a liberdade religiosa. Por motivos político-econômicos óbvios — detenção e monopolização dos meios de produção e organismos sociais —, tanto o rei quanto a igreja não desejavam a alteração da ordem vigente.

Por essa época (1610-1612), John Smyth, primeiro pastor batista na Inglaterra, levantou a bandeira da liberdade de consciência absoluta. Era o início da trajetória batista de ação política engajada na busca pela liberdade religiosa. Assim, o princípio da liberdade religiosa foi parte integrante da vida e fé dos primeiros batistas.

Origens do pensamento batista

Com relação às origens do pensamento batista, não existem evidências históricas documentadas que especifiquem onde nasceu a reflexão teológica batista. Existem hipóteses divergentes a respeito de suas origens; isso porque, se a Reforma se deu a partir da ação de Lutero, Calvino e Zwinglio, outros movimentos somaram-se ao protestantismo, como o anabatismo, o puritanismo e o metodismo. Tendo por base os princípios da salvação pela graça redentora de Cristo, através da fé, e da Bíblia como normativa em questões de regra e fé, as teologias sofreram a partir daí interpretações dos diferentes grupos. Mas o eixo central permaneceu.

Assim, os batistas herdaram algumas ênfases teológicas. De Lutero, a teologia cristológica, a predestinação dos eleitos; a igreja como comunidade dos santos em Cristo. De Calvino, a Bíblia como suprema autoridade e a doutrina da predestinação dupla e incondicional (embora nem todos os batistas a aceitem). De Zwinglio, a interpretação normativa da Bíblia, o pecado original como doença moral perdoável em qualquer tempo e a salvação pela razão. E, dos anabatistas, a Palavra de Deus como fonte experimentada pela iluminação do Espírito Santo, a regeneração necessária para a vida nova, a igreja como associação voluntária de santos, e a completa separação entre a Igreja e o Estado.

Origem dos batistas

A origem histórica dos batistas são os congregacionais ingleses (anglicanos e puritanos) → batistas

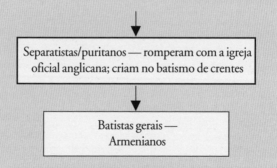

Com a perseguição na Inglaterra, em 1609, fogem para a Holanda. Esses pré-batistas voltam para a Inglaterra, acompanhados pelo pastor Helwys, e assumem uma abordagem teológica calvinista.

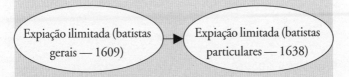

Guilherme Dell, o primeiro intelectual batista

Conhecido por suas fortes convicções teológicas a respeito da livre expressão do ser humano e defensor dos princípios batistas, apesar de não ter ligação com nenhuma congregação, em 1646, destacou-se por sua luta a favor da liberdade religiosa na Inglaterra.

Escreveu o livro intitulado *Uniformidade examinada* em que defendia a tese de que a unidade deve existir sem uniformidade, uma vez que a última era má e intolerável, excluindo toda a liberdade concedida por Deus. Essa era uma nova argumentação favorável à liberdade religiosa.

Outra questão estava no fato de que a uniformidade contrariava a própria mensagem de Cristo e forçava a Igreja, que é o corpo de Cristo, a portar-se de maneira externa aos seus princípios; por meio de um poder estabelecido, e, sem o aval de Deus, a religião seria configurada num movimento anticristão, considerado por Dell pior que o paganismo. (JORGE PINHEIRO)

VI. SOCIEDADE DOS AMIGOS (QUACRES)
1. George Fox

De todos os movimentos que surgiram com a Reforma, o que mais se afastou do sacerdócio e do governo da Igreja foi o que se chama Sociedade dos Amigos, comumente conhecido por "quacre". Essa sociedade — pois nunca tomou o nome de igreja – – surgiu em razão dos ensinos de George Fox, na Inglaterra, por volta do ano de 1647.

2. Doutrina quacre

Fox opunha-se a todas as formas exteriores da igreja, do ritual e de organização eclesiástica. Ensinava que o batismo e a comunhão deveriam ser espirituais, e não formais; que o corpo de crentes não deveria ter sacerdote nem ministros assalariados, mas que qualquer crente poderia falar, segundo a inspiração do Espírito de Deus, que é a "luz interior" e guia de todos os verdadeiros cristãos. Ensinava também que tanto homens como mulheres tinham os mesmos privilégios concernentes aos dons do Espírito e no governo da sociedade. No início, os membros da sociedade tratavam-se de "Filhos da Luz", mais tarde, porém, decidiram chamar-se Sociedade dos Amigos. Não se sabe ao certo de onde lhes veio o nome "quacre", porém o nome generalizou-se e não desagrada aos membros da sociedade.

Os ensinos de George Fox foram aceitos por multidões de pessoas que não simpatizavam com o espírito dogmático e intolerante manifestado nesse tempo pela igreja da Inglaterra. O grau de influência que os quacres exerceram pode ser avaliado pelo fato de que cerca de 15 mil foram encarcerados, 200, exilados e vendidos como escravos, e muitos deles mortos como mártires por causa de sua fé, nas prisões ou vítimas da violência de multidões fanáticas. Alguns refugiaram-se na Nova Inglaterra, para onde levaram o seu testemunho, mas ali encontraram os puritanos, não menos perseguidores do que os anglicanos. Pelo menos, quatro membros dos quacres, incluindo uma mulher, foram executados em Boston.

Os Amigos encontraram um lugar seguro em Rhode Island, onde havia liberdade para todas as formas de adoração. Também fundaram colônias em Nova Jersey, Maryland e Virgínia. No ano de 1681, foi concedido a William Penn, pelo rei Carlos II, o território da Pensilvânia. William Penn era um dos líderes dos quacres. Assim, em 1682, fundaram Filadélfia, "a Cidade Quacre". Durante setenta anos, os descendentes de William Penn governaram a colônia da Pensilvânia. Nos meados do século XVIII, Benjamin Franklin relatava que a colônia estava dividida em três partes: uma parte era quacre; outra, alemã; e uma terceira, mista.

A perseguição ativa cessou na Inglaterra e na América do Norte, depois da revolução inglesa de 1688, e os quacres continuaram a dar seu testemunho e a fundar sociedades em muitas das colônias americanas. Apesar de sua organização simples, disciplina era absoluta. A escravidão, que existia em todas as colônias, era proibida entre os amigos. Faziam propaganda contra ela, até mesmo nas propriedades agrícolas do sul. Tinham interesse real e profundo na cristianização e civilização dos índios norte-americanos, em visitar e ajudar presos nos miseráveis cárceres daqueles tempos e em outras obras filantrópicas. Muitas obras sociais que atualmente estão em grande evidência foram fundadas e sustentadas pelos quacres, muito antes que fossem por outros reconhecidas como obra legítima da Igreja.

3. Divisões

A disciplina era rígida, principalmente a exclusão dos membros que se casavam com pessoas alheias à sociedade. O testemunho era firme contra a escravidão e outros males. A recusa de pegar em armas para fazer guerra sempre constituiu um dos fortes princípios da sociedade. Tudo isso fez diminuir o número de quacres durante o século XVIII. Contudo, o golpe mais forte foi a dissensão sobre as doutrinas pregadas por Elias Hicks, que se proclamou unitário, não reconhecendo Cristo como Deus. No ano de 1827, deu-se a separação entre os quacres ortodoxos e os amigos hicksitas, apesar de que esse nome jamais foi aceito por tal ramo. Desses dois grupos, os amigos ortodoxos, como são chamados, possuem a grande maioria dos membros entre os quacres. Suas doutrinas estão de acordo com as igrejas conhecidas como evangélicas e dão ênfase ao ensino pessoal e imediato do Espírito Santo ao indivíduo, mais conhecido, conforme já vimos, como "a luz interior".

4. Organização

Em 1902, realizou-se a primeira assembléia da convenção geral dos quacres. A sociedade está organizada numa série de convenções menores, que lembram o modelo presbiteriano. O sistema, inicialmente, era o de convenções separadas de homens e mulheres, que tratavam de seus assuntos próprios. Atualmente, a maioria das convenções reúne-se em assembléias mistas, únicas, com igualdade e liberdade para a expressão de suas opiniões e atuar em todas as comissões e outras atividades. Em colaboração com organizações no exterior, a Sociedade dos Amigos dos Estados Unidos tem buscado atuar em áreas de amparo e proteção a minorias oprimidas por toda parte.

Perguntas para revisão

- Qual foi a primeira igreja em terras norte-americanas?
- Qual foi a razão de sua implantação?
- De que país vieram seus membros?

- Qual era a situação religiosa e quais as perspectivas do continente no ano de 1750?
- Qual a colônia que se estabeleceu com essa igreja?
- Qual a primeira igreja protestante do continente?
- Relate como iniciou suas atividades.
- Qual era a sua situação durante a Guerra da Independência e depois?
- Quais foram os primeiros bispos?
- Qual a sua forma de organização?
- Como se originaram as igrejas congregacionais?
- Qual o seu sistema de organização?
- Faça um relato de seu desenvolvimento.
- Quais são as suas doutrinas?
- Onde se iniciou a Igreja reformada?
- Como se chamava antes?
- Em que colônia se estabeleceu?
- Qual tem sido sua história?
- Qual a outra Igreja reformada existente?
- Qual a sua origem?
- Quais são as doutrinas dessas igrejas?
- Como estão organizadas?
- Qual é a maior convenção batista dos Estados Unidos e onde é a sua sede?
- Quais são os seus princípios distintivos?
- Como estão organizadas as igrejas batistas?
- Quando surgiram e em que lugar?
- Quem foi seu fundador nas colônias?
- Em que Estado se estabeleceram?

- Qual a sua participação nas missões estrangeiras?
- Quem são os que se denominam Amigos e qual o outro nome pelo qual são conhecidos?
- Quem foi o seu fundador?
- Quais as suas doutrinas?
- Como foram tratados os quacres nas primeiras colônias?
- Onde se estabeleceram?
- Qual o Estado americano que fundaram e em que circunstâncias o fizeram?
- Que divisão ocorreu entre eles?

24

IGREJA NOS ESTADOS UNIDOS —
SEGUNDA PARTE

Luteranos
Presbiterianos
Metodistas
Irmãos Unidos
Discípulos de Cristo
Unitários
Ciência Cristã

VII. LUTERANOS

Depois da Reforma iniciada por Martinho Lutero, as igrejas nacionais que se organizaram na Alemanha e nos países escandinavos tomaram o nome de luteranas. No início da história da colonização holandesa de Nova Amsterdã, hoje Nova York, que se supõe haver sido em 1623, os luteranos, ainda que da Holanda, chegaram a essa cidade e passaram a reunir-se em congregações. Em 1652, solicitaram licença para fundar uma igreja e contratar um pastor. Entretanto, as autoridades da Igreja Reformada da Holanda opuseram-se a esse desejo e fizeram o primeiro ministro luterano voltar à Holanda em 1657. Os cultos continuaram a ser realizados, discretamente, mas não oficialmente. Contudo, em 1664, quando a Inglaterra conquistou Nova Amsterdã, os luteranos tiveram liberdade de culto.

1. Desenvolvimento e organização

Em 1638, alguns luteranos suecos estabeleceram-se próximo ao rio Delaware e construíram o primeiro templo luterano na América do Norte, perto de Lewes. No entanto, a imigração sueca cessou até século seguinte. Em 1710, uma colônia de luteranos exilados do Palatinado, na Alemanha, estabeleceu sua igreja em Nova York e na Pensilvânia. No século XVIII, os protestantes alemães e suecos emigraram para a América do Norte, aos milhares. Isso deu motivo à organização do primeiro sínodo luterano na cidade de Filadélfia, em 1748. A partir daí, as igrejas luteranas cresceram, não só por causa da imigração, mas também pelo aumento natural.

2. Doutrinas

Visto que essas igrejas procediam de países diferentes, falando diferentes línguas, organizaram-se em cerca de doze grupos independentes, alguns deles usando o inglês como idioma, enquanto outros, pelo menos sete, se expressavam em suas línguas de origem. No que se refere à doutrina, todos adotam a Confissão de Augsburgo, a doutrina de Lutero da justificação pela fé e a crença de que o batismo e a ceia do Senhor não são apenas símbolos, mas meios da graça divina. Esses grupos organizaram-se em sínodos, os quais se uniram para formar um sínodo geral, embora as igrejas locais detivessem ainda muita autoridade.

VIII. PRESBITERIANOS

1. Origem

As igrejas presbiterianas da América do Norte surgiram de duas origens. A primeira veio da igreja presbiteriana da Escócia, reformada por John Knox em 1560, e reconhecida como a Igreja oficial nesse país. Da Escócia, espalhou-se até o noroeste da Irlanda, onde a população era e ainda é fortemente protestante. A outra fonte de onde se originou outro ramo presbiteriano foi o movimento puritano da Inglaterra, durante o reinado de Tiago I, chegando a dominar o Parlamento no período inicial da Comunidade Britânica. Depois da ascensão de Carlos II, a igreja da Inglaterra conquistou novamente influência, e mais de 2 mil pastores puritanos, em sua maioria de idéias presbiterianas, foram expulsos de suas paróquias.

Esses três elementos — escoceses, irlandeses e ingleses — ajudaram a formar a igreja presbiteriana nos Estados Unidos. Na Nova Inglaterra, os imigrantes presbiterianos, em grande parte, uniram-se às igrejas congregacionais. Nas outras colônias, porém, organizaram igrejas de acordo com os seus próprios princípios.

Uma das primeiras igrejas presbiterianas dos Estados Unidos foi organizada em Snow Hill, Maryland, em 1648, pelo reverendo Francis Makemie, da Irlanda. Makemie e mais seis ministros reuniram-se na Filadélfia, em 1706, e uniram suas igrejas num presbitério. Em 1716, as igrejas e seus ministros, havendo aumentado em número, e bem assim penetrado em outras colônias, decidiram organizar-se em sínodo, dividido em quatro presbitérios incluindo dezessete igrejas.

2. Durante a Guerra da Independência

No início da Guerra de Independência, em 1775, o sínodo incluía 17 presbitérios e 170 ministros. Os presbiterianos defenderam intensamente os direitos das colônias contra Jorge III, e John Witherspoon, um dos ministros presbiterianos de maior influência, foi o único clérigo a assinar a Declaração de Independência. Depois da guerra, a denominação desenvolveu-se de tal forma no país que constituiu uma assembléia geral na Filadélfia, incluindo quatro sínodos.

3. Divisões

Em razão do fato de que tanto os princípios presbiterianos como também a natureza escocesa-irlandesa inclinavam-se a pensar profunda e independentemente sobre questões doutrinárias, surgiram divisões nos sínodos e presbitérios. Uma dessas divisões teve como resultado a organização da Igreja Presbiteriana de Cumberland, Tennessee, em 1810. Do Estado do Tennessee, esse movimento espalhou-se para os Estados vizinhos e também para outros, como Texas e Missouri. Os esforços realizados para unir esse ramo como o corpo principal tiveram bastante êxito em 1906.

4. Doutrinas

No ano de 1837, efetivou-se uma divisão sobre questões doutrinárias entre os elementos conhecidos como da Antiga e da Nova Escola Presbiteriana. Cada um dos grupos possuía presbitérios e sínodos e uma assembléia geral, cada qual dizendo representar a igreja presbiteriana. Após quarenta anos de separação, quando as diferenças de idéias haviam sido esquecidas, essas escolas uniram-se novamente, em 1869. Há nos Estados Unidos vários ramos do presbiterianismo. Todos eles aceitam as doutrinas calvinistas, tais como estão expostas na Confissão de Fé de Westminster e nos Catecismos Maior e Menor.

5. Governo

A igreja local é governada por uma junta, ou conselho, integrada pelo pastor e pelos presbíteros. As igrejas estão unidas em presbitérios, e os presbitérios, num sínodo. Acima de todos, está a assembléia geral, que se reúne anualmente. Entretanto, as modificações importantes no governo denominacional ou na doutrina exigem ratificação por uma maioria constitucional dos presbitérios e aprovação da assembléia geral, para se tornarem lei.

IX. METODISTAS

As igrejas metodistas do Novo Mundo existem desde o ano de 1766, quando dois pregadores wesleyanos locais, naturais da Irlanda, se transferiram para os Estados Unidos e começaram a realizar cultos segundo a ordem metodista. Não se sabe ao certo se Philip Embury realizou o primeiro culto em sua própria casa em Nova York ou se foi Robert Strawbridge, no condado de Frederick, Maryland. Esses dois homens organizaram sociedades, e, em 1768, Philip Embury edificou uma capela na rua João, onde funciona ainda um templo metodista episcopal. O número de metodistas na América do Norte cresceu. Por essa razão, em 1769, John Wesley enviou dois missionários, Richard Broadman e Thomas Pilmoor, a fim de inspecionarem a obra e cooperarem na sua extensão. Outros pregadores, sete ao todo, foram enviados da Inglaterra, dos quais se destacou Francis Asbury, que chegou aos Estados Unidos em 1771.

1. Primeira Conferência

A Primeira Conferência Metodista nas colônias foi realizada em 1773, presidida por Thomas Rankin. Entretanto, em razão do início da Guerra de Independência, todos os pregadores deixaram o país, exceto Asbury, e a maior parte do tempo, até que a paz foi assinada em 1783, ele esteve afastado.

Quando o governo dos Estados Unidos foi reconhecido pela Grã-Bretanha, os metodistas da América do Norte alcançavam o número de 15 mil membros. Estando eles ligados à igreja da Inglaterra, Wesley tentou convencer o bispo de Londres de que deveria consagrar um bispo para servir às igrejas da América do Norte. Contudo, não alcançou seu intento. Wesley, então, escolheu o reverendo Thomas Coke, D.D., clérigo da igreja da Inglaterra, e nomeou-o "superintendente" das sociedades da América do Norte. Para esse fim, usou o ritual da consagração de bispos, dando-lhe aquele outro título.

2. Conferência de 1784

Wesley instruiu o dr. Coke a consagrar Francis Asbury para cargo igual, como seu parceiro na supervisão das sociedades wesleyanas na América do Norte. Uma conferência de pregadores metodistas dos Estados Unidos foi realizada na semana do Natal de 1784, em Baltimore, quando então foi organizada a igreja metodista episcopal. Asbury recusou-se a receber o cargo de superintendente até que a recomendação de Wesley fosse submetida ao voto de seus companheiros. O dr. Coke voltou à Inglaterra. Por acordo comum, o título de superintendente foi substituído pelo de "bispo", e até o ano de 1800 Asbury foi o único a desempenhar tal função. Em razão de seu incansável trabalho, de seus planos sábios e de boa orientação, as igrejas metodistas da América do Norte devem mais a Asbury do que a qualquer outro homem.

3. Ramificações

A igreja metodista episcopal foi a igreja-mãe no país. Entretanto, por causa das diferenças de raça, de idioma, de rivalidades políticas, principalmente, em 1844, da agitação sobre a escravatura, várias divisões ocorreram. Em abril de 1939, reuniu-se uma conferência de finalidade unificadora, formando a atual igreja metodista. Participaram dessa conferência representantes da igreja metodista episcopal, do sul, e da igreja metodista protestante, representando um total de cerca de 11 milhões de membros.

4. Doutrinas e organização

As igrejas metodistas são arminianas, quer dizer, sustentam a doutrina do livre-arbítrio, oposta à doutrina calvinista da predestinação, e dão ênfase ao conhecimento pessoal da salvação de todo crente. Também são uniformes em sua organização. As igrejas locais estão organizadas em distritos, inicialmente a cargo de um presbítero ou ancião presidente, título este que na igreja metodista episcopal, em 1908, foi mudado para superintendente distrital. Os distritos reúnem-se geralmente em conferências ou concílios locais anuais, e sobre todos estão os bispos, nomeados para cargo vitalício, embora sujeitos a afastamento (na igreja metodista episcopal) pela conferência ou concílio geral, órgão supremo. Os pastores, mesmo quando, em alguns países, sejam elcitos pelas igrejas, são nomeados pelo bispo encarregado da sua região episcopal. Em alguns países, ou ramos da denominação, podem ser nomeados para o mesmo cargo tantas vezes quantas se deseje; em outros, porém, o pastorado é limitado a um período definido.

X. IRMÃOS UNIDOS

1. Origem

A igreja dos Irmãos Unidos em Cristo, atualmente chamada Igreja Evangélica Irmãos Unidos, foi a primeira a ser fundada nos Estados Unidos sem ter origem no Velho Mundo. Surgiu na Pensilvânia e em Maryland, com a fervorosa pregação de dois homens, Philip William Otterbein, nascido em Dillenburg, Alemanha, que antes fora ministro da Igreja reformada, e Martin Boehm, ex-menonita. Ambos pregavam em alemão e estabeleceram igrejas em que se falava o alemão, dirigidas por ministros "não sectários", como os tratavam então.

2. Doutrinas

Foi em 1767 que esses líderes se conheceram em culto realizado num depósito de cereais, perto de Lancaster, Pensilvânia, quando Boehm pregou com notável poder espiritual. Ao término do sermão, Otterbein abraçou Boehm e exclamou: "Somos irmãos". Dessa saudação, surgiu o nome oficial da igreja, havendo eles acrescentado as palavras "em Cristo", ao instituir-se formalmente a igreja no condado de Frederick, Maryland, em 1800.

3. Forma de governo

Nessa ocasião, Otterbein e Boehm foram eleitos bispos e adotaram uma forma de governo inspirada na democracia americana. Apesar de serem escolhidos bispos, a igreja sempre teve somente uma ordem de pregadores, sem nenhum episcopado. Todo o poder é exercido pelos leigos. Todos os oficiais, incluindo os bispos, são eleitos por um período de tempo e por uma assembléia constituída de igual número de ministros e leigos. Os superintendentes das conferências também são eleitos, e não nomeados. Apesar de sua forma de governo ser diferente da adotada na igreja metodista, com exceção das conferências periódicas, pregam a mesma teologia arminiana.

Os cultos, no início, eram exclusivamente em alemão; mas hoje em dia são em inglês. A sede geral da igreja e a casa editora localizam-se em Dayton, Ohio. A principal instituição de beneficência que possuem, o Lar Otterbein, uma das maiores do gênero nos Estados Unidos, está situada perto de Lebanon, Ohio.

4. Divisão

Após vários anos de discussão entre seus membros, ocorreu uma divisão na igreja em 1889. A maioria desejava a revisão dos estatutos, a fim de excluir os membros que pertencessem a sociedades secretas. Os "radicais" organizaram uma nova igreja. Os "liberais" ficaram com todas as propriedades da igreja, exceto em Michigan e no Oregon. Em 16 de novembro de 1946, em Johnstown, Pensilvânia, realizou-se a união da igreja evangélica e a dos Irmãos Unidos em Cristo.

XI. DISCÍPULOS DE CRISTO

1. Origem

A igreja que tem dois nomes, ambos oficiais, Discípulos de Cristo e Igreja Cristã, diferente de outras organizações já mencionadas neste capítulo, é também inteiramente norte-americana em sua origem. Existe desde 1804, depois de um grande despertamento religioso manifestado em Tennessee e Kentucky, quando o reverendo Barton W. Stone, ministro presbiteriano, deixou aquela denominação e organizou uma igreja em Cane Ridge, Condado de Bourbon, em Kentucky, na qual a Bíblia, sem nenhuma outra declaração doutrinária, seria a única regra de fé, e o único nome da igreja seria Cristã.

2. Propósitos

Poucos anos depois, o reverendo Alexander Campbell, ministro presbiteriano da Irlanda, adotou o princípio de batismo por imersão e formou uma igreja batista, afastando-se logo em seguida e passando a chamar seus seguidores de "discípulos de Cristo". Tanto Stone como Campbell organizaram muitas igrejas. Em 1832, suas congregações se uniram e formaram uma igreja que conservou os dois nomes, "Discípulos" e "Cristãos", ambos oficializados. Os esforços desses dois homens tinham como finalidade unir todos os seguidores de Cristo numa organização sem credo algum, a não ser a fé em Cristo, e sem nenhum outro nome, a não ser "Discípulos" ou "Cristãos".

3. Normas doutrinárias

Eles aceitam tanto o Antigo Testamento como o Novo; todavia, somente o Novo Testamento é para esses cristãos a regra de fé, sem nenhuma declaração específica de doutrina. Praticam o batismo por imersão, excluindo as crianças de pouca idade, por acharem que do ato de batismo "vem a segurança divina da remissão de pecados e a aceitação por Deus".

4. Sistema eclesiástico e desenvolvimento

Eles são congregacionais no sistema. Cada igreja é independente de governo externo; unem-se, porém, numa só denominação para o incremento da obra missionária, tanto no país como no exterior. Seus líderes são escolhidos pelas igrejas: anciãos, pastores, diáconos e evangelistas, embora não reconheçam nenhuma diferença entre ministros e leigos. Através de sua história, os Discípulos de Cristo sempre foram zelosos e empreendedores na evangelização.

Outra organização americana similar, também chamada de "Cristãos" ou "Igreja Cristã", uniu-se às igrejas congregacionais em 1931.

XII. UNITÁRIOS

1. Doutrinas

As igrejas unitárias da Inglaterra e da América do Norte são os modernos representantes dos antigos arianos dos séculos IV e V. Suas doutrinas dão ênfase à natureza humana de Jesus Cristo e, nesse aspecto, proclamam servir à causa da verdade cristã. Negam a divindade do Filho de Deus e consideram o Espírito Santo não uma pessoa, mas uma influência. Afirmam, assim, a existência e a unidade de Deus, mas não a Trindade divina. Opõem-se, de modo geral, à doutrina calvinista da predestinação, aceitando a crença dos metodistas no livre-arbítrio. Consideram a Bíblia não a autoridade de fé e conduta, mas uma valiosa coleção literária.

2. Origem

Os unitários apareceram inicialmente nos Estados Unidos não como uma seita, e sim como uma escola de pensamento nas igrejas da Nova Inglaterra. Em 1785, a Capela do Rei, em Boston, até então protestante episcopal, adotou um credo e uma liturgia omitindo o reconhecimento da Trindade, e escolheu um ministro que tinha opiniões unitárias. Foi essa a primeira igreja da Nova Inglaterra a professar tal fé.

Em 1805, o unitário Henry Ware foi nomeado professor de teologia da Universidade de Harvard. Em 1819, foi estabelecida na mesma universidade uma escola de teologia unitária, a qual desde então tem sido dirigida por eles. O nome "unitário", tal como é aplicado a esse movimento religioso, apareceu primeiramente em 1815. Logo em seguida, muitas igrejas congregacionais da Nova Inglaterra tornaram-se unitárias, entre elas a que foi fundada pelos Peregrinos, em Plymouth.

Na controvérsia que então se levantou, mais de 120 igrejas congregacionais adotaram a doutrina unitária, sem, contudo, mudarem de nome. O movimento unitário conquistou muitos homens e pensadores dos Estados Unidos, principalmente na Nova Inglaterra. Quase todos os poetas de Cambridge e Boston — entre os quais, Lowell, Longfellow, Holmes e Bryant — foram unitários.

Entretanto, os unitários não conquistaram membros em proporção igual ao ramo trinitário ortodoxo dos congregacionalistas. Em sua forma de governo, são congregacionais; cada igreja local tem sua própria administração. Não possuem credo nem confissão de fé. Por isso, seus ministros têm a mais ampla liberdade e variedade de opiniões. Alguns deles mal podem distinguir-se dos "ortodoxos", enquanto outros vão ao extremo de serem livres-pensadores. Apesar de tão vacilantes em suas doutrinas, os unitários sempre se mostraram ativos em reformas e em todos os empreendimentos de caráter social.

XIII. CIÊNCIA CRISTÃ

1. Sua fundadora

A Ciência Cristã compõe-se daqueles que aceitam como autoridade os ensinos da sra. Mary Baker Glover Eddy. Ela começou a anunciar suas idéias em 1867 e fundou, em 1876, uma associação dos que aceitavam a Ciência Cristã. Organizou seus seguidores em igreja, em Boston, no ano de 1879, sendo ela mesma a pastora. O número de membros era pequeno. Contudo, esse número aumentou para milhares, que depois passaram a se reunir para adoração no magnífico edifício da que é conhecida como "igreja-mãe" e exerce certo controle sobre todas as igrejas e sociedades da denominação.

2. Crenças

A sra. Eddy morreu em 1910 e não deixou sucessor, mas seus ensinos estão reunidos num volume denominado *Ciência e saúde*. As diferentes igrejas da Ciência Cristã não possuem pastores, mas em seu lugar há em cada igreja um "primeiro leitor", que dirige os cultos; esse leitor é trocado periodicamente. As doutrinas da Ciência Cristã são divulgadas por meio de conferencistas nomeados pela igreja-mãe. Trata-se de um sistema de curar as enfermidades do corpo e da mente. Ensina que todas as causas e todos os efeitos são mentais; que o pecado, as enfermidades e a morte serão destruídos mediante um entendimento cabal do princípio divino de Jesus de ensino e de cura. O manual da Ciência Cristã proíbe "a contagem do povo e a divulgação de dados estatísticos". A Ciência Cristã e a igreja unitária não são consideradas igrejas evangélicas, e sim heresias.

Perguntas para revisão

- Como se originaram as igrejas luteranas?
- Onde apareceram pela primeira vez nos Estados Unidos?
- Em que outros lugares se estabeleceram os luteranos?
- Como se desenvolveram?
- Como estão organizados?
- Quais são as suas crenças e doutrinas?
- De que países eram originários os presbiterianos dos Estados Unidos?
- Relate algo a respeito deles na Escócia e na Inglaterra.
- Onde se estabeleceram inicialmente nos Estados Unidos?
- Quem era o seu líder na organização da igreja?
- Que participação tiveram na Guerra da Independência?

- Quais as divisões que surgiram entre eles?
- Que ramos abrangem?
- Quais são as suas doutrinas e como estão organizados?
- Quais os dois locais e os dois líderes apontados como os primeiros metodistas nos Estados Unidos?
- Quem foram os primeiros missionários nesse país?
- Qual foi o maior de seus primeiros líderes?
- Quando foi organizada a igreja e que ramos possui?
- Quais são suas doutrinas?
- Qual é a sua forma de organização?
- Quem são os Irmãos Unidos?
- Como se originaram?
- Quais são as suas doutrinas?
- Como se uniram?
- Qual é a igreja que tem dois nomes oficiais?
- Como surgiram esses nomes?
- Quem foram os fundadores dessa igreja?
- Quais as suas normas doutrinárias?
- Como estão organizadas?
- Qual tem sido o seu desenvolvimento?
- Que pensamento doutrinário antigo adotaram os unitários?
- Quais são suas doutrinas?
- Como surgiram na América do Norte?
- Que influência eles têm exercido?
- Em que setor os seus esforços têm sido mais destacados?
- Quem foi a fundadora da Ciência Cristã?
- Onde se originou esse movimento?
- Quais são as suas idéias?

25

O EVANGELHO NA AMÉRICA LATINA

Entre os anos de 1860 e 1864, registrou-se um movimento na capital do México em favor do evangelho, do qual resultou a formação de vários núcleos de caráter nacional, formados por pessoas que repudiavam as doutrinas praticadas pela igreja católica romana e que aceitavam somente as doutrinas bíblicas.

Nesses núcleos, havia também padres convertidos, entre os quais o pároco Palácios e o presbítero Manoel Águas, famoso pela resposta dada ao bispo Lavastida. Arcádio Morales, que mais tarde se tornou líder do presbiterianismo no México, relata sua própria conversão, em 1869, quando assistiu a um culto protestante dirigido por Sóstenes Juarez.

Na fronteira mexicana com os Estados Unidos, dedicada à evangelização, visitando a cidade de Monterrey, trabalhou Melinda Rankin, a qual desde 1855 desenvolvera intensa atividade entre os mexicanos residentes na cidade de Brownsville, Texas, e em outras cidades do mesmo Estado. Igualmente, Tiago Kickey ali desenvolveu atividades evangelizantes, levando uma remessa de Bíblias até Monterrey, em cuja cidade organizou uma congregação batista, em 1864, da qual foi pastor T. W. Westrup. A Junta

Americana de Missões Domésticas iniciou suas atividades no ano de 1870.

1. Watkins, assassinado a punhaladas

A Junta Congregacional Americana, em 1872, enviou à cidade de Guadalajara, México, dois missionários, Stephens e Watkins. Nessa cidade, em meio a manifestações de fanatismo e forte perseguição, organizou-se uma igreja com 17 membros. O missionário Stephens, qual outro Estêvão, foi morto pelo punhal dos assassinos em Ahualulco del Mercado, no ano de 1874. Muitos outros mártires mexicanos foram vítimas de atentados semelhantes durante aqueles anos de fanatismo, nos quais o populacho atiçado pelas intrigas do clero sem temor de Deus perseguia as testemunhas do Senhor.

Em 1882, foram enviados a Guadalajara, pela mesma Junta Congregacional, o reverendo John Howland e esposa, modelos dignos da missão que desempenhavam, por sua fé e consagração à obra que representavam. O dr. Howland, cuja morte ocorreu em 1939, é um nome ilustre na história das missões.

A missão congregacional de Chihuahua iniciou suas atividades sob a liderança de Tiago Eaton, um homem amável e de grande visão, e sob sua orientação construíram-se templos amplos e atraentes em locais estratégicos, como Chihuahua, Parral. Tiago era ativo distribuidor de literatura evangélica. A obra congregacional ampliou-se pelos Estados do noroeste, e foi notável também ali o impulso dado à educação.

No mês de novembro de 1872, William Butler foi enviado à Cidade do México, como primeiro missionário da Junta Metodista Episcopal. Apesar dos entraves usados pelos jesuítas, ele conseguiu comprar o antigo Convento de São Francisco, na Calle de

Gante, local em que desde então passou a funcionar o Centro de Atividades Metodistas. Thomas Carter chegou ao México em 1873, e um ano mais tarde também ali aportou, para aumentar as fileiras da missão, o inesquecível John Butler, filho de William Butler. O trabalho evangélico na cidade de Puebla foi iniciado pelo dr. Drees, em 1875, num antigo edifício da "Santa Inquisição". De grande alcance e de alta influência foi a obra de evangelização realizada em Puebla, de onde saíram homens da fibra do dr. Pedro Flores Valderrama, Vitoriano Baez e Epigmênio Velasco, que brilharam na oratória e no púlpito, e ainda escritores e poetas como o dr. Vicente Mendoza e Baez Camargo. No ano de 1876, iniciou-se o trabalho em Guanajuato. Apesar da oposição que se levantou, conservou-se sempre em atividade o centro de higiene e saúde "O Bom Samaritano", durante muitos anos dirigido pelo dr. Salmans.

Na Califórnia, após haver regressado do Peru, onde estivera como missionário, o dr. Vernon McCombs foi nomeado superintendente da Missão Latino-Americana, trabalho que teve progresso notável e conta com grandes centros de evangelização.

2. O México metodista

A Igreja Metodista do Sul iniciou a obra de evangelização na capital do México no início do ano de 1873, sendo essa obra inaugurada pelo bispo Keener, o qual nomeou superintendente geral o reverendo Joel T. Davis. Os irmãos Alejo Hernandez (convertido no Texas) e Sóstenes Juarez trabalharam sob os auspícios dessa missão. Em 1886, a Missão Central Mexicana constituiu-se em conferência anual. O jornal *O Evangelista Mexicano* tornou-se o órgão oficial da referida conferência.

A Missão do Sul imprimiu grande impulso à obra educativa, tanto na capital como em S. Luiz de Potosi, Guadalajara e nos

Estados limítrofes. O Colégio Inglês, de Saltillo, transformou-se em foco luminoso, de onde saíram centenas de professores que levaram a luz da educação e a semente evangélica a todos os recantos do país. Não somente a causa evangélica, mas também a educação em geral muito devem ao grande educador dr. André Osuna. Não é possível nos determos para mencionar a obra fecunda dos missionários Winton, Corbin, Reynolds e muitos outros que trabalharam fiel e arduamente para levarem o conhecimento de Cristo aos que estão nas trevas; irmãos nossos como os Bustamantes, os Hernandez, os Villarreal e outros que entregaram sua vida e seus recursos em promover a causa do evangelho.

No Estado do Texas, no ano de 1880, o reverendo Alexandre Sutherland reuniu um núcleo de líderes fiéis, aos quais instruiu e capacitou para a tarefa gloriosa de pregar o evangelho. Através dos anos, é relembrado o trabalho de Alexandre Leon, Roman Palomares, Santiago Tafolla, Policarpo Rodriguez, Basílio Soto, o pai, e muitos outros que seria difícil enumerar. Em tempos mais recentes, devemos relembrar o inesquecível Francisco S. Onderdonk.

No México, a obra metodista, a par de outras coisas, sofreu grandes alterações durante as revoluções e modificações das leis. Apesar de tudo, o trabalho progrediu. No mês de novembro de 1930, o metodismo do México unificou-se e tomou o nome de Igreja Metodista do México.

Uma Junta Presbiteriana iniciou suas atividades em 1872, no México, por intermédio de quatro missionários e suas famílias que se estabeleceram na Cidade do México. Alguns trabalhos independentes que já existiam uniram-se à Junta Presbiteriana. Dom Arcádio Morales tornou-se, então, o porta-voz não só dos presbiterianos, mas de todo o movimento evangélico. O trabalho presbiteriano desenvolveu-se de modo especial em Zacatecas e em Vila de Cos. Os heróicos missionários e líderes nacionais enfrentaram com firmeza e fé as mais agudas perseguições, e seu exemplo deixou um rastro luminoso na História. A memória de Henry Thompson e de Thomas Wallace ainda está viva no México.

Nos Estados do golfo do México e em Michoacán, o trabalho presbiteriano firmou-se em bases sólidas. Pode-se dizer com justiça que o zelo evangelizador, a lcaldadc à Palavra de Deus, a pureza de vida e a obediência dos presbiterianos daquela época deixaram a todos os evangélicos uma herança digna. Suas atividades e esmero na publicação de bons livros e jornais, obra que eles levaram a bom termo, sob a orientação de Plutarco Arrellano, redator de *El Faro*, durante muitos anos, também são dignas de ser imitadas.

Sem ostentação, porém com lealdade e perseverança, esses humildes servos difundiam a luz, desde Matamoros (Porto), e desde a Cidade Vitória e Matehuala (mais tarde) até os mais afastados rincões do solo mexicano. Ali era recebido com prazer o simpático *Ramo de Oliveira* e os folhetos saídos daquelas impressoras. Convém mencionar a obra do grande batalhador que foi o dr. Eucário M. Sein, que publicou em Matehuala, durante anos, *O Católico Convertido*.

3. Tiago Pascoe, o apologista

Concluímos esta resenha com um parágrafo à memória de Tiago Pascoe, inglês de nascimento, que viveu no Estado do México de 1875 a 1878. Era um homem de profundas convicções evangélicas e vastíssima erudição. À sua própria custa, enfrentando tenaz oposição, fez uma obra gloriosa entre os índios. Contudo, ele é mais conhecido como escritor. Seus luminosos escritos levaram luz a milhares de mentes, despertando as consciências.

Tiago Pascoe era polemista de primeira grandeza; confundiu os jesuítas do Estado do Novo México que, no afã de humilharem a causa protestante, atacaram os humildes pregadores do evangelho. Pascoe atacou os últimos redutos dos jesuítas em sua falsa argumentação, mostrando as imposturas do clero, e expôs publicamente as inovações de Roma. Tudo isso ele fez apoiado nos fatos da verdadeira história e à luz das Sagradas Escrituras. A reprodução das obras de Tiago Pascoe seria de grande utilidade, até mesmo em nossos dias.

4. Guatemala, Nicarágua e El Salvador

Na Guatemala, os primeiros esforços da obra de evangelização foram realizados nos meados do século XIX. No entanto, essa primeira tentativa não surtiu efeito, em razão das perseguições e da intransigência dos romanistas. Somente em 1884 foi possível estabelecer definitivamente a obra missionária na Guatemala, e foram os presbiterianos que tiveram essa gloriosa iniciativa. O evangelho lançou raízes nesse país, e muitas congregações se estabeleceram e floresceram.

No ano de 1890, organizou-se na cidade de Dallas, Texas, a Sociedade Missionária Centro-Americana, a fim de levar o evangelho aos vários países da América Central. Essa instituição realizou intensa obra de evangelização, e seus missionários penetraram por todos os recantos levando as boas-novas.

Há trabalho de certa importância na Nicarágua e em El Salvador pertencente aos batistas, às Assembléias de Deus e a outros grupos evangélicos que ali atuam.

Outro trabalho que merece referência é a chamada Campanha Evangélica na América Latina, orientada pelo consagrado missionário Henry Strachan, que tinha como centro de atividades a cidade de San José, na Costa Rica. Na mesma cidade, há dois magníficos institutos, um para homens e outro para mulheres, além de outros de beneficência. Por toda essa pequena república, merecem destaque o trabalho batista ali realizado e o grande crescimento entre os pentecostais.

5. O Chile de Trumbull e Gilbert

No ano de 1845, chegou à cidade de Valparaíso, Chile, Daniel Trumbull, o qual se limitou a pregar o evangelho a pessoas de fala inglesa. Contudo, depois que aprendeu a falar o espanhol, fundou um jornal que se chamava *O vizinho* e, por meio de suas páginas, iniciou uma campanha de esclarecimento, refutando os erros romanistas. Esse trabalho custou-lhe a perseguição por parte do clero. Os evangélicos passaram por muitas perseguições no Chile por causa de sua fé. A pastoral do arcebispo Valdivieso, em 1858, proibia, sob severas penas canônicas, a leitura de livros distribuídos pelos protestantes. Apesar das perseguições, dos atentados por parte do clero e do populacho, o trabalho de evangelização progredia.

O missionário Gilbert chegou a Santiago, capital do Chile, e tomou o encargo do trabalho. O missionário, nessa cidade, era alvo de insultos constantes e de perseguições; tanto ele como os novos convertidos tinham de levar o vitupério da cruz de Cristo. No ano de 1866, Alexandre Merwim chegou ao Chile para reforçar o pequeno grupo de líderes. Quando Lúcio C. Smith inaugurou, em Santiago, um novo local de cultos, os evangélicos sofreram agressões e insultos, saque e queima de móveis e Bíblias.

Os presbiterianos e os metodistas durante muitos anos mantiveram e sustentaram o trabalho. Um cristão incansável que conseguiu ver muitas almas convertidas foi De Bon, um sacerdote convertido ao evangelho. José Torregrosa, espanhol que antes estivera na Argentina, chegou a Valparaíso em 1896, fez um trabalho eficiente nessa cidade e mais tarde em Santiago.

Organizações que também trabalharam no Chile são a Aliança Cristã Missionária, o Exército de Salvação e outras. Atualmente o trabalho evangélico no Chile prospera. A Igreja Metodista Pentecostal do Chile foi fundada pelo dr. Hoover e conta com muitos milhares de membros.

6. Bolívia e Peru

Na Bolívia, país que permaneceu fechado à pregação do evangelho durante muitos anos, os colportores da Sociedade Bíblica Americana prepararam o caminho para os pregadores. Os abnegados colportores conseguiram introduzir a Bíblia, apesar das ameaças e das perseguições. Eles escalaram a cordilheira dos Andes e penetraram nos lugares mais longínquos levando o precioso tesouro, a Palavra de Deus.

O colportor José Mongiardino foi assassinado em 16 de julho de 1876. Os esforços de todos esses servos de Deus não foram em vão. Os dias da liberdade chegaram para esse país. Atualmente os batistas e os metodistas mantêm trabalhos florescentes nas principais cidades bolivianas. As populações nativas da Bolívia têm sido alvo da obra missionária dos cristãos bolivianos e das missões que operam nesse país.

No Peru, como aconteceu em outros lugares, os primeiros missionários e colportores tiveram de sofrer perseguições. A história do missionário Francisco Penzoti é bem conhecida. Penzoti converteu-se em Montevidéu, Uruguai, no ano de 1876, pelo contato com o dr. Thompson e a leitura do evangelho de João. Francisco Penzoti iniciou suas atividades em Montevidéu e na Colônia

Valdense. Sentindo vocação para o trabalho de colportagem, iniciou uma campanha de propaganda que não tem paralelo na América Latina. Impulsionado por esse ideal poderoso, cruzou os Andes, chegou ao Peru e começou a pregar em casas particulares. O trabalho de propaganda avançava sempre, apesar da oposição. Por essa razão, o clero e seus aliados recorreram a meios violentos e conseguiram encarcerar Penzoti, o qual esteve preso na cidade de Collao desde 26 de julho de 1890 até 28 de março de 1891. Os homens liberais do país iniciaram então a defesa de Penzoti e conseguiram pô-lo em liberdade. Alguns anos depois, foi nomeado agente geral da Sociedade Bíblica Americana, em Buenos Aires.

A obra evangélica no Peru, apesar das alternativas e mudanças políticas e de governo, não sofreu interrupção. Atualmente conta com um número regular de centros de evangelização e educação. Durante muito tempo, publicou-se a revista *Renascimento*, e bem assim livros e jornais. Várias denominações operam nesse país. O Concílio Geral das Assembléias de Deus em Springfields, Missouri, enviou missionários para o Peru e para outros países da América do Sul, das Antilhas e da América Central.

Nesses países, a marcha do evangelho tem sido lenta, porém segura.

7. Equador e Venezuela

No Equador, a eleição de governos liberais possibilitou o avanço da causa evangélica. Em Quito, capital do Equador, foi montada uma emissora de rádio que envia diariamente a mensagem evangélica aos países sul-americanos. A União Evangélica Missionária, com sede em Kansas City, Estados Unidos, tem operado por muitos anos no Equador.

Os presbiterianos mantiveram bons trabalhos de evangelização e equipes educacionais em Bogotá, capital da Colômbia, bem como em Barranquilha e em alguns outros centros.

Na Venezuela, há uma nova vida na obra missionária. Igrejas de várias denominações evangélicas crescem nesse país, e o trabalho missionário entre os indígenas tem sido notório.

Nas Guianas, há diversos trabalhos missionários. Parece que chegou o tempo em que não há lugar sobre a Terra aonde não tenha chegado o testemunho do evangelho.

8. Argentina, evangelização e escolas

Na Argentina, a primeira pregação do evangelho realizou-se em casas particulares de famílias inglesas, em Buenos Aires, e a pregação era também em inglês. Isso aconteceu em 1823. A pregação em espanhol somente se verificou mais tarde. Leiamos o que diz Juan Varetto em seu livro *Heróis e mártires da obra missionária*: "À Igreja Metodista Episcopal cabe a honra de haver sido a pioneira que iniciou a pregação em língua castelhana, no rio da Prata".

Desde 1836, tiveram ali os metodistas alguns representantes que trabalhavam entre as pessoas que falavam o inglês. No ano de 1856, chegou a Buenos Aires o missionário William Goodfellow, com o propósito de iniciar o trabalho em espanhol. Contudo, ele realizou uma série de reuniões para ingleses e teve a alegria de ver muitos jovens ingleses convertidos, entre os quais John F. Thompson, com apenas 15 anos de idade, e no qual descobriu o futuro apóstolo da causa de Cristo naquelas terras. Thompson nasceu na Escócia em 1843 e foi com seus pais para Buenos Aires quando tinha 8 anos de idade. Depois de sua conversão, foi estudar na América do Norte, de onde regressou a Buenos Aires, em 1866.

O primeiro culto em espanhol foi realizado em 25 de maio de 1867, num templo que os metodistas possuíam na Rua Cangallo.

Uma das primeiras pessoas convertidas foi a professora Fermina Leon Albeder, que dirigia uma escola no Bairro da Boca. Ela pôs à disposição do pregador as dependências da escola, "na qual nasceu a primeira escola bíblica dominical em Buenos Aires".

Thompson pregou também em Montevidéu, Uruguai; ali o êxito de seu trabalho foi ainda mais notável. A juventude acorria em massa para ouvi-lo.

O trabalho dos batistas foi iniciado em Buenos Aires por Pablo Besson, no mês de julho de 1881. Ele muito se esforçou para a expansão da obra, e seu nome ficou conhecido como consagrado escritor.

Os cristãos chamados "Irmãos" iniciaram a obra de evangelização na Argentina com a chegada de Carlos Torres. Atualmente contam com muitas igrejas ativas. O caráter do trabalho dos "Irmãos" é evangelístico e propagam boa literatura cristã.

William Morris, que pertencia à igreja anglicana, contribuiu de modo decisivo para o impulso da educação, estabelecendo escolas em diferentes partes da cidade.

9. Uruguai, Porto Rico e São Domingos

No Uruguai, também está deitando raízes a obra de evangelização e educacional. Uma nota destacada no trabalho no Uruguai é a ação da juventude. Esse país caminha na vanguarda dos países sul-americanos no que se refere à organização da juventude evangélica, e é de esperar que sua influência se desenvolva no bom sentido, a fim de que possa servir de norma e inspiração aos demais países da região.

Em Porto Rico e São Domingos, o trabalho evangélico está representado por numerosos centros missionários pertencentes a várias denominações. Em razão da liberdade de celebrarem cultos nessas ilhas, a causa pôde desenvolver-se, apesar da oposição do obscurantismo.

10. O Brasil: dos huguenotes aos presbiterianos

O Brasil tem sido ricamente abençoado por meio da obra missionária. "Bem-aventurado aquele que evangelizar esse país", exclamou Henry Martin, quando o navio em que viajava para a Ásia fez escala e parou alguns dias na cidade de Salvador, Bahia. Talvez as orações do consagrado missionário que deu a vida pela evangelização da Pérsia tenham contribuído para o êxito posterior das missões no rico e extenso país que é o Brasil.

Várias tentativas de evangelização foram realizadas, desde épocas remotas, primeiramente pelos huguenotes, no ano de 1555. Os huguenotes tiveram os primeiros mártires no Brasil em 1558. Os holandeses, no curto espaço de tempo de ocupação em alguns pontos do Brasil, iniciaram posteriormente alguns movimentos de evangelização.

Nos tempos modernos, o privilégio de evangelizar o Brasil coube a Robert Kalley, médico escocês que iniciou o trabalho no ano de 1855. Seguiram-no, em sua iniciativa, algumas famílias convertidas antes na ilha da Madeira, onde esse servo de Deus havia conseguido êxito em meio a grandes perseguições. Kalley fundou no Rio de Janeiro a Igreja Evangélica Fluminense, segundo a ordem congregacional. Depois de trabalhar vinte e um anos no Brasil, retirou-se para sua pátria, onde morreu em 1888.

A. G. Simonton, que chegou ao Rio de Janeiro em 1859, foi o primeiro missionário presbiteriano a iniciar a pregação em português. Algum tempo depois, o pastor A. O. Blackford também estava integrado no trabalho presbiteriano no Brasil.

Um acontecimento que deu grande impulso ao trabalho evangélico daqueles dias foi, sem dúvida, a conversão de um notável sacerdote católico, José Manuel da Conceição, o qual se distinguiu por sua erudição e operosidade, a par de sua eloqüência. José Manuel da Conceição convenceu-se, mediante o estudo da Bíblia, de que a igreja de Roma em que militava se havia afastado dos ensinos de Cristo. Após meditação séria e profunda, enviou sua renúncia ao bispo, em 1864. As autoridades eclesiásticas, como era esperado, o excomungaram, mas J. M. da Conceição respondeu à publicação de excomunhão nas páginas dos mesmos jornais que a publicaram, explicando as razões que o forçaram a dar aquele passo. Logo depois, entrava em contato com a igreja presbiteriana, sendo por ela batizado e ordenado ao ministério. Esse homem foi um verdadeiro apóstolo em seu zelo evangelista e por suas virtudes. Vejamos o que dele disse Lauresto:

> Era possuidor de dotes brilhantes para o cumprimento de sua sagrada missão: presença nobre e atraente, voz harmoniosa, mímica correta e eloqüência arrebatadora. Conceição percorreu os Estados de Minas Gerais, São Paulo e Rio de Janeiro, de uma a outra extremidade, reunindo, como os apóstolos, ao poder da palavra, o exemplo de humildade, amor e trabalho, zelo ardente pela fé, pureza em todas as suas ações, bondade para com todos e extraordinária resignação nos momentos dolorosos que lhe afligiam o corpo e o espírito.

Milhares de pessoas ouviram de seus lábios a pregação das boas-novas. Fazia profundas observações científicas sobre história natural. Sofreu fortes perseguições, chegando mesmo a ser espancado. Partiu para o descanso celestial aos 52 anos de idade, deixando um exemplo digno que, felizmente, foi seguido com fidelidade por seus companheiros.

Na cidade do Rio de Janeiro, apareceu como notável pregador presbiteriano o reverendo Álvaro Reis, orador de grande eloqüência e distinto polemista, que em seus sermões e escritos combatia os erros do romanismo, a fim de mostrar aos ouvintes as verdades do evangelho. Quando Álvaro Reis morreu, houve grandiosa manifestação de pesar. A municipalidade do Rio de Janeiro deu o nome de Álvaro Reis a uma das praças da cidade.

Eduardo Carlos Pereira, autor de várias gramáticas e destacado pedagogo, foi também eloqüente pregador das boas-novas e apóstolo da autonomia das igrejas no Brasil.

Os metodistas, depois de várias tentativas, conseguiram estabelecer a obra evangélica no Brasil, no ano de 1876. Nessa ocasião, o governo já era mais favorável, bem como alguns membros da alta sociedade. Inicialmente, estabeleceram como base uma congregação e uma escola no Rio de Janeiro. Depois foram até Piracicaba (São Paulo), que se tornou um centro de atividades, e também Santa Bárbara. Os missionários J. S. Newman, do Alabama, e John J. Ransom, do Tennessee, foram os que encabeçaram o empreendimento. Atualmente o trabalho metodista é forte e florescente no Brasil. São conhecidos, especialmente, pelo excelente trabalho na área educacional, mantendo educandários reconhecidos pela qualidade do ensino nos níveis fundamental, médio e superior.

Teve a Missão Metodista, entre os convertidos, ilustres sacerdotes católicos, entre eles Hipólito de Campos, cujas atividades evangélicas foram muito apreciadas.

O missionário William Buck Bagby iniciou o trabalho batista no Brasil no ano de 1881. A primeira igreja batista em solo brasileiro foi organizada na cidade de Salvador, Bahia, em 1882.

A igreja episcopal tem trabalhos no Estado do Rio Grande do Sul e conta com bons ministros e edifícios apropriados para servirem à obra.

Além de ser ainda um campo missionário onde atuam missões estrangeiras de várias origens, o evangelho tem tido um crescimento notável na nação, que já faz parte do rol dos países que possuem marcante obra missionária no exterior. Batistas, assembleanos e outros grupos evangélicos destacam-se nessa visão. Considerando as grandes dimensões continentais do Brasil e os desafios que se apresentam para a evangelização de seu numeroso povo, missões nacionais são levadas a efeito por várias denominações, propagando a mensagem do evangelho nos sertões, às populações ribeirinhas da Amazônia, aos indígenas e nas cidades que são fortes bastiões do romanismo. A obra cresce a passos largos.

MIGUEL NARRO

Perguntas para revisão

- Em que data, aproximadamente, se iniciou o trabalho evangélico no México?
- Quando se iniciou o trabalho batista?
- Em que data se fundou o trabalho congregacional?
- Qual a data em que se iniciou no México o trabalho metodista?
- Qual a data em que foi organizada a igreja presbiteriana?
- Que se pode dizer do trabalho evangélico na Guatemala?
- Em que ano se iniciou o trabalho evangélico no Chile?
- Quem introduziu a Bíblia na Bolívia?
- Quem era Francisco Penzoti?
- Que se pode dizer do trabalho evangélico no Equador?
- Faça um pequeno relato do trabalho evangélico na Argentina, no Paraguai e no Uruguai.
- Que se pode dizer do trabalho evangélico no Brasil?

Posfácio

A Igreja cristã numa era de revolução social

Um pouco de História

Os séculos XIX e XX foram tempos de revolução social, e entender isso é importante para a compreensão dos caminhos do crescimento da Igreja cristã nos últimos duzentos anos. Pensemos sobre essa questão a partir da Revolução Francesa.

Para o pensamento conservador católico-romano, a Revolução Francesa gerou uma profunda crise. Na verdade, durante seu pontificado o papa Pio VI fez tudo para impedir o surgimento de uma nova ordem social na Europa. No entanto, com a vitória da revolução, em 1789, as tropas francesas ocuparam Roma, proclamaram a República — que teve vida curta — e prenderam Pio VI.

Napoleão Bonaparte, porém, direcionou a revolução para seu período de expansão e procurou abrir o diálogo com o Vaticano. O governo católico-romano foi restaurado e, em 1804, Napoleão convidou o papa Pio VII para coroá-lo[1]. O papa aceitou, mas,

---

[1] "Foi também como homem de estado que impôs o fim do cisma na Igreja francesa. Até que ponto ele era um crente católico é discutível, mas teve o sentido exato do papel que a Religião desempenha para dar unidade, coesão

durante a cerimônia, o próprio Napoleão colocou a coroa sobre a cabeça como demonstração de força.

Posteriormente, Napoleão e seu exército atacaram Roma. Em conseqüência, foi excomungado, assim como o exército. Somente, em 1814, o governo católico-romano mais uma vez foi restaurado. Napoleão tinha sido derrotado pela marinha britânica e seus inimigos levantaram-se contra ele em toda a Europa. Pio VII perdoou Napoleão e intercedeu por ele junto aos governos europeus. Napoleão foi, então, desterrado para a ilha de Santa Helena.

Em oposição ao pensamento católico conservador, levantou-se o teólogo Félicité Robert de Lamennais, que alertou o Vaticano para a necessidade de reivindicar em toda a Europa liberdade política e de imprensa. Lamennais tornou-se um grande amigo do papa Gregório XVI e a igreja católica pareceu convencida de que deveria romper seu conservadorismo e sua aliança com os governos absolutistas europeus. Contudo, Lamennais aproximou-se dos liberais, o que resultou no endurecimento político por parte do papa Gregório XVI.

No ano de 1846, Pio IX tornou-se papa. Fez o mais longo pontificado da história da igreja católica romana (1846-1878). Em 1849 foi proclamada a república romana. Em 1870, a igreja católica perdeu suas terras na Itália, na Alemanha e em outros países da Europa. É interessante notar que durante o pontificado de Pio IX a igreja católica encontrava-se profundamente debilitada. E é exatamente durante esse período que alguns dogmas tornaram-se doutrina católica. Em 1854, a igreja aprovou o dogma da imaculada conceição de Maria. E, em 19 de julho de 1870, no

---

e contentamento a uma sociedade. A utilidade social da Religião não foi, claro, idéia sua: Voltaire, Rousseau, Chateaubriand e muitos outros condutores do pensamento francês já se lhe tinham referido de várias formas." (Alec R. VIDLER, *A Igreja numa era de revolução*. Lisboa: Ulisséia, 1961, p. 18.)

Concílio Vaticano I, que tinha tido início no ano anterior, foi promulgado o dogma da infalibilidade papal.

Durante o pontificado de Leão XIII (1878-1903), que sucedeu a Pio IX, os católicos foram proibidos de votar nas eleições da república italiana. A Europa vivia momentos de conflitos trabalhistas, com fortalecimento dos sindicatos anarquistas e socialistas. Diante da polarização das classes, Leão XIII produziu a encíclica *Rerum Novarum*, que veio à luz no dia 15 de maio de 1891. O documento discutia o relacionamento entre patrões e empregados e foi a primeira tentativa da Igreja, desde a Revolução Francesa, de adaptar-se aos novos tempos. *Rerum Novarum*, em latim, significa "sobre as coisas novas" e representou exatamente isso: uma reflexão católica sobre a questão social. Propôs que os ricos praticassem a caridade, que os pobres não se deixassem levar pelo ódio aos ricos, e que se criassem sindicatos católicos. É interessante observar que, ao mesmo tempo que fazia uma reflexão social, Leão XIII continuou a combater as idéias liberais, o que se traduziu na publicação da encíclica *Providentissimus Deus*, defendendo a inerrância da Bíblia.

Pio X substitui Leão XIII e governou até o início da Primeira Guerra Mundial. Seu pontificado foi marcado pelo conservadorismo: excomungou teólogos católicos, como A. F. Loisy, George Tyrrel e Hermann Schell, que foram classificados de modernistas, por utilizarem métodos novos, com base na análise histórica e na metodologia crítica.

Dessa maneira, da Revolução Francesa até a Primeira Guerra Mundial, o catolicismo teve de enfrentar novas realidades políticas, sociais e econômicas. Durante esses anos, o catolicismo reafirmou seu conservadorismo. Assim, ao chegar ao século XX, as diferenças entre católicos e protestantes se haviam aprofundado.

As revoluções sociais nos séculos XIX e XX, como movimentos sociais de transformação, foram chamadas por alguns teóricos de a era da evolução permanente, o que, para muitos, ainda continua valendo, sem que haja sinais de abrandamento.

As principais características teológicas dessa época da história do cristianismo foram o surgimento de novas correntes de pensamento: o sistema hegeliano, a teologia de Schleiermacher, o pensamento de Kierkegaard e a postura cristã diante da História.

A industrialização e a urbanização dos séculos XIX e XX causaram profundas mudanças na sociedade ocidental, tais como ruptura da família expandida, desprezo em relação aos valores do passado, confiança no progresso e grande esperança no futuro. Na verdade, o filósofo francês Augusto Comte, com sua teologia da religião positiva, e o cientista inglês Charles Darwin, com a teoria do evolucionismo, impulsionaram essa maneira de pensar.

A reconstrução teológica: principais pensadores

George Wilhelm Friedrich Hegel (1770-1831) foi teólogo, professor e funcionário público do governo prussiano. Luterano conservador, desenvolveu um sistema de pensamento que acreditava englobar toda a realidade. Na verdade, Razão para Hegel (e aqui ele entra em choque com o pensamento kantiano) é a própria realidade. "O que é racional existe, e o que existe é racional" (*Enciclopédia das ciências filosóficas em compêndio*, editada em 1817).

Hegel, com sua visão racional da realidade cria um sistema que procura chegar à essência do próprio conhecimento. E essa essência, para Hegel, será o método. Antepondo-se a Aristóteles, que desenvolvera o conceito de lógica formal ("uma coisa é aquilo que ela é e não outra"), Hegel mostra que "uma coisa é seu próprio movimento". Assim, uma flor não é aquilo que nós vemos, mas o seu movimento, que a faz flor. Conhecer a flor é conhecer a sua história, que se dá por meio de choques e oposições que se realizam como superação do momento anterior. É importante entender que, para Hegel, oposição ou contradição (tese e antítese) não são pólos que se negam ou se destroem, mas elementos que formam uma realidade nova (síntese).

Apesar da importância do pensamento hegeliano para a construção de uma metodologia da história e da ciência, que será posteriormente desenvolvida pelos construtivistas do século XX, Hegel erra ao congelar a História. Declara que o cristianismo é a religião absoluta, porque é síntese, cujo tema central, para ele, é a relação entre Deus e o homem, que tem como ponto culminante a encarnação. Considera a Trindade a culminação da idéia de Deus e faz distinção entre três reinos: o do Pai, como Deus em-si; o do Filho, que é a Criação, o mundo, como espaço-tempo; e o do Espírito, que é Deus e a humanidade juntos, ou seja, a própria História.

O socialismo utópico, herdeiro do movimento camponês europeu e do cristianismo revolucionário do século XVI, com Karl Marx, discípulo de Hegel, deu lugar a uma corrente socialista e materialista que seu criador chamará de comunismo científico. Essa corrente de pensamento atuou com os sindicatos europeus e formou, aliada aos anarco-sindicalistas, a I Internacional dos Trabalhadores. Em 1848, Marx elaborou o seu *Manifesto do Partido Comunista*, que passou a ser utilizado como programa da I Internacional dos Trabalhadores. Marx desenvolveu seu comunismo com base no hegelianismo, propondo que a História fosse estudada de um ponto de vista da luta entre classes sociais. Para isso, baseou-se numa metodologia que chamou de *materialismo dialético*, que é a dialética hegeliana isenta de seu conteúdo cristão, e *materialismo histórico*, que é a visão de que a história se desenvolve como luta permanente entre as classes sociais.

Mas quem produziu o grande impacto no pensamento teológico desses dois séculos foi o pastor e teólogo luterano Friedrich Schleiermacher (1768-1834), que fiou conhecido como o pai da teologia liberal, ao responder ao postulado kantiano de que a base da religião não pode ser a razão, mas a ética. Assim, com o Romantismo, Schleiermacher em seu livro *Über die Religion: Reden an die Gebildeten unter ihren Verächtern* [Discurso sobre a religião, dirigido às pessoas cultas que a desprezam], de 1799, agregou que a religião não tem por base a razão, mas também não se alicerça numa moral, e sim no sentimento, no afeto. Chegou a essa conclusão fundado num desenvolvimento da doutrina da fé, já que afeto para ele era um sentimento que nos permite tomar consciência daquele que é a base de toda a existência. Esse afeto levaria ao sentimento de dependência absoluta.

De certa forma, ao ressaltar a primazia do afeto, dos sentimentos e da emoção com relação à razão e à moral, Schleiermacher antecedeu teoricamente o surgimento do pentecostalismo no início do século XX. Para o protestantismo histórico tradicional, o problema da visão de Schleiermacher é que ele diminui a importância dos fatos e da própria História.

O lado sombrio da fé cristã, no século XIX, será representado por Sören Aabye Kierkegaard (1813-1855), o cavaleiro solitário da fé cristã, como ele próprio se definiu. Pessimista em termos teológicos, fundamentou-se em Schopenhauer e no pietismo para direcionar seu sofrimento existencial com vistas a uma superação na fé cristã. Tornou-se um crítico do cristianismo burguês acomodado de sua época. Defendeu a fé cristã como um risco, uma aventura, que necessariamente levará uma pessoa à negação de si própria. "Querem ter todos os bens e as vantagens do mundo e, ao mesmo tempo, ser testemunhas da verdade [...] isso não é apenas monstruoso, mas até impossível." Declarou ser sua missão "tornar difícil ser cristão", e apresentou o cristianismo como questionamento da existência, donde a dor, a angústia, o desespero se fazem presentes no viver cristão. Fundador do existencialismo cristão, via a vida humana como luta permanente, luta por vir-a-ser.

Quatro outros teólogos vão refletir os grandes debates do século XIX em suas teologias. Todos preocupados em situar o cristianismo diante do desafio da verdade histórica.

F. C. Baur (1792-1860), fundamentando-se no sistema hegeliano, procurou definir questões de autoria e datação dos livros do Novo Testamento, influenciando o futuro movimento da crítica bíblica e da alta crítica.

Adolph von Harnack (1851-1930) apresentou Jesus como pensador humanista, preocupado em ensinar sobre a paternidade de Deus, a fraternidade universal, o valor infinito da alma humana e o mandamento do amor. Para Harnack, tudo o mais seria fruto da petrificação do cristianismo como construtor de dogmas.

Albrecht Ritschl (1822-1889) considerou que o cristianismo é uma questão de vida prática e moral, por isso é uma religião da comunidade cristã e não do individualismo. Sua teologia foi um dos pontos de partida para a teologia do Evangelho Social.[2]

Walter Rauschenbush (1861-1918), pastor batista, originário da Alemanha, atuou nos Estados Unidos e levantou a questão do Evangelho Social com base numa leitura que combinou a doutrina bíblica da responsabilidade social e os autores socialistas utópicos. Defendeu a construção de uma democracia econômica e política nos Estados Unidos e propôs uma atuação política dos cristãos na sociedade norte-americana através de sindicatos.

---

[2] H. Schoen, escritor francês citado por Vidler, assim resumiu o pensamento de Ritschl: "Para os desencorajados pelos ataques do criticismo afirma que a fé e a salvação estão dependentes dos resultados de nossos estudos históricos. Aos teólogos cansados das controvérsias dogmáticas apresenta a Cristandade livre de todas as metafísicas estranhas. Aos letrados, temendo ver a teologia cair perante os ataques das ciências naturais, mostra um caminho pelo qual toda e qualquer colisão com as ciências naturais se torna impossível. Aos estudantes devotados à História revela o desenvolvimento da Igreja primitiva. Aos cristãos tímidos, diz: *Deus nunca esteve zangado com vocês, podem voltar para Ele*. Aos velhos pessimistas, grita: *Trabalhem para o progresso do Reino*". (VIDLER, op. cit., p. 113).

O missionário e médico na África Albert Schweitzer fez interessante crítica da teologia do século XIX. Para Schweitzer, na maioria das vezes, ao abandonar o Jesus histórico dos Evangelhos, essa teologia ficava apenas com um Jesus pálido, anêmico, que retratava mais que nada os anseios do ser humano desse próprio século.

A resposta protestante

A urbanização, fruto direto da industrialização, aliada ao movimento migratório e às novas correntes de pensamento, mudaram a cara do mundo. Na Inglaterra e principalmente na América do Norte esse fenômeno global, conhecido por secularização, destruiu a família ampla, fortaleceu o individualismo e aumentou a miséria.

Na Inglaterra, homens como Samuel Taylor Coleridge (1772-1834) e Frederick Denison Maurice (1805-1872) defenderam o direito à liberdade religiosa e reorganizaram a igreja anglicana, depois de quase um século de divisões de todos os tipos. No campo social, outros cristãos fortemente influenciados pelo pensamento socialista, que tiveram em Herbert Spencer seu modelo maior, fizeram oposição ao sindicalismo secularizado e construíram o movimento social cristão inglês. Oriundos do anglicanismo, cristãos como John Malcolm Ludlow (1821-1991), Charles Kingsley (1819-1875), F. D. Maurice e Thomas Hughes (1822-1896) lutaram pelo fim da escravidão, contra o trabalho infantil nas fábricas e pela jornada de trabalho de dez horas. Na verdade, reivindicaram uma ampla reforma social, que acabou por conquistar e transformar a Inglaterra.[3]

Nos Estados Unidos, a reação cristã à diluição dos valores tradicionais traduziu-se em forma de missões de salvamento, como a Water Street Mission (1872), Chicago's Pacific Garden (1877), NY Protestant Episcopal City Mission (1864) e outras, e da pregação do Evangelho Social, preocupado em recuperar os marginalizados e transformar com a ajuda do Estado os aspectos mais aviltantes do capitalismo selvagem da época. Expoentes desse pensamento foram Washington Gladden, ministro congregacional de Ohio, o escritor Charles Sheldon (autor do clássico *Em seus passos que faria Jesus?*) e o pastor batista Rauschenbusch.

A cooperação interdenominacional, assim como as associações não denominacionais foram outra conquista desse século de novidades ao nível do pensamento. As Associações Cristãs de Moços (1851), a Christian Endeavor Society (1881), a Epworth Society e outras procuraram dar à juventude uma formação ética, social e religiosa. Sob a coordenação de Dwight L. Moody (1837-1899), surgiu em 1886 o Student Volunteer Movement, que tinha como finalidade recrutar jovens para o trabalho missionário e que estava ligado a um organismo interdenominacional dirigido por John R. Mott (1865-1955). Nessa mesma época, começou a surgir um movimento de diálogo entre as igrejas históricas norte-americanas. Fruto desse movimento, Samuel S. Schmucker (1799-1873) escreveu o livro *Fraternal Appeal to the American Churches on Christian Union* [Apelo fraternal às igrejas americanas sobre a união cristã], 1838, e, anos mais tarde, foi fundado o Federal Council of the Churches of Christ in America.

O século XX trouxe novos problemas para as igrejas cristãs norte-americanas: duas guerras mundiais. Em 1914, as igrejas

---

[3] Foi como reação ao socialismo anticlerical de Robert Owen e ao cartismo que os cristãos deram início a seu movimento social. Homens como Ludlow, Kingsley, Maurice e Hughes deram origem ao socialismo cristão na Inglaterra. Dessa maneira, afirmou Maurice: "A necessidade de uma reforma teológica inglesa, como meio de evitar uma revolução política e de trazer o que de bom existisse nas revoluções estrangeiras para se conhecer a si própria, tem estado cada vez mais impressa no meu pensamento". (VIDLER, op. cit., p. 97). Foi assim que o cristianismo respondeu *pari passu* às ideologias ligadas aos movimentos operários na Europa, tanto de esquerda quanto de direita.

consideraram que a guerra contra a Alemanha era justa e que deviam fortalecer a moral nacional. A igreja norte-americana apoiou a declaração de guerra em 1917 e muitas delas transformaram-se em agências do governo. Com o fim da Primeira Guerra Mundial, o crescimento do nacionalismo e as revelações da política beligerante implementada pelo governo dos Estados Unidos, a Igreja considerou que apoiar o governo norte-americano na guerra tinha sido um erro. A partir daí voltou à defesa de políticas pacifistas. Fruto dessa conscientização, durante a Segunda Guerra Mundial, a igreja norte-americana teve uma postura madura: forneceu capelães para as forças armadas norte-americanas, trabalhou com a Cruz Vermelha e, ao mesmo tempo, apoiou efetivamente a reconstrução de igrejas-irmãs na Europa, no pós-guerra.

Assim, mesmo a contragosto, a Igreja cristã adaptou-se à época aberta pelas revoluções sociais.[4] E, apesar do secularismo, o século XX produziu grandes teólogos e novas teologias. Entre os teólogos podemos citar o alemão Dietrich Bonhoeffer (1906-1945) e o suíço-alemão Karl Barth (1886-1968). Bonhoeffer foi assassinado pelos nazistas já no fim da Segunda Guerra Mundial. Karl Barth, aliado a Martin Niemoller e a outros líderes da igreja confessional alemã, em 1934, produziu a "Declaração de Barmem", em que se reafirmava a autoridade de Cristo na Igreja, as Escrituras como autoridade para a fé e a vida cristã, recusando-se a aceitar as reivindicações do Estado nazista e sua supremacia sobre a vida religiosa das pessoas.

Barth foi o iniciador do movimento conhecido como neo-ortodoxia, que fez uma leitura kierkegaardiana do calvinismo.[5] Apesar

---

[4] "Se se fizesse uma avaliação completa das mudanças revolucionárias que têm tido lugar nos mundos do pensamento e da invenção, nas estruturas política e social, e nas condições de vida e trabalho, e se se levasse em conta a origem das Igrejas na ordem pré-revolucionária ou o *ancien régime*, então a sua sobrevivência com tantas das suas antigas características e acessórios intactos é admirável, para não dizer mais. Não sobreviveram porque estavam

de sua crítica ao liberalismo, a neo-ortodoxia manteve a descontinuidade entre a história sagrada e a secular. Além de Barth, devemos citar Emil Brunner (1889-1966), Paul Tillich (1886-1965) e Rudolf Bultmann (1884-1976) entre os grandes teólogos protestantes do século. E, entre os católicos, Pierre Teilhard de Chardin (1881-1955), que parte do vitalismo de Henri Bergson para uma teologia altamente influenciada pelo evolucionismo de Darwin.

De fato, a Igreja soube responder positivamente à era da revolução permanente, sem abandonar seus fundamentos e doutrinárias e sem sofrer uma descaracterização de seus conteúdos cristãos. Mas, sem dúvida, mudou muito. E, apesar das críticas, mudou para melhor, pois aprendeu a falar aos milhões de pessoas, em todo o mundo, que hoje vivem sob condições inteiramente diferentes dos séculos anteriores. Dessa maneira, entre outras coisas, soube

---

bem preparados para a rebelião em que se veriam involuntariamente envolvidos, ou porque, quando os alcançou, mostraram prontos poderes de adaptação às novas circunstâncias. Pelo contrário, temos visto que eram recalcitrantes em mudar, tão cegos ou míopes nos dias de visitação, tão dispostos a endurecer, a calar ou repelir os pretensos profetas ou reformadores, e tão falhos de compaixão imaginativa firme nos corações dos povos quando, pelo contrário, foram destituídos dos privilégios terrenos e do apoio ativo dos governos." (VIDLER, op. cit., p. 271.)

[5] "Foi então que Kierkegaard lhe abriu o pensamento, fazendo-o duvidar da visão idealista do mundo como processo de tese e antítese, levando a uma grande síntese na qual todas as contradições seriam resolvidas. A vida humana parecia ser um paradoxo insolúvel, uma pergunta sem resposta. Como Barth lia não só Kierkegaard como a Bíblia, Lutero, Calvino e Dostoievski, nasceu nele a idéia de que o verdadeiro Deus, o Deus vivente, era completamente diferente de qualquer Deus que pudesse ser descoberto na planície humana, do assim chamado Deus que tinha sido trazido à existência pelos filósofos. Os homens nunca chegariam a ouvir a Palavra autêntica do verdadeiro Deus sem terem reconhecido seu próprio estado; até descobrirem que todas as suas últimas dúvidas eram perguntas sem resposta, e de que todos os caminhos que percorriam para sua ilustração, incluindo o caminho da religião, provaram ser becos sem saída." (VIDLER, op. cit., p. 218.)

enfrentar as ideologias que surgiram no século XX e que se colocaram como seus principais oponentes: o stalinismo e o nazismo.

E a Igreja continuou crescendo...

Com o processo de revolução permanente, que caracterizou os dois últimos séculos, e a tendência à fragmentação do cristianismo protestante, que traduziu um momento histórico da Igreja, podemos fazer um balanço da Igreja cristã no fim do século XX.

Depois da Segunda Guerra Mundial, uma grande parte do mundo tornou-se stalinista. Sobre a expressão "stalinismo" referimo-nos ao processo de burocratização do comunismo, implantado por Josef Stalin na União Soviética. Esse regime estendeu-se por dezenas de países, praticamente mais da metade da Europa (o chamado bloco soviético), a maior parte da Ásia (China e países limítrofes) e um país latino-americano (Cuba), durante quase quarenta anos. Nesses países a Igreja foi perseguida e milhares de cristãos foram presos, internados em campos de trabalho forçado e mortos.

Enquanto isso, no mundo ocidental capitalista desenvolvido, construiu-se um muro de separação entre o Estado e as igrejas nacionais. E no Terceiro Mundo, subdesenvolvido, a repercussão das revoluções na África e na América Latina, principalmente em Cuba, com seu comunismo moreno e adaptado ao jeito latino-americano, fomentou o surgimento da teologia da libertação, que terá como seus fundadores o teólogo católico peruano Gustavo Gutierrez e os brasileiros Rubem Alves e Leonardo Boff, entre muitos outros. Profundamente influenciada pela dialética marxista, essa teologia definiu-se em primeiro lugar pela práxis da ação social. No Brasil teve muita importância nos anos 1970 e 1980, quando foram criadas e desenvolvidas as comunidades eclesiais de base, que serviram de elemento dinamizador, ao lado dos sindicatos e dos agrupamentos socialistas, para a formação do Partido dos Trabalhadores.

No campo protestante, conservadores e evangelicais (aqueles que crêem na Bíblia como regra da fé e prática, inspirada e infalível; na expiação vicária e na ressurreição de Cristo; no novo nascimento e numa vida transformada pelo poder do Espírito Santo) constituíram a grande maioria nos Estados Unidos e a vanguarda da ação social. E continuam crescendo em todos os níveis. No Brasil, onde também predominavam, dividiram-se em dois grandes grupos, os protestantes históricos e os pentecostais, incluídos neste último um subgrupo, os neopentecostais. No campo católico, a Igreja enfrentou um refluxo de vocações, mas, ao mesmo tempo, manteve forte sua presença na sociedade brasileira amparada pelo movimento carismático.

Fenômenos como as teologias radicais e o ecumenismo estão em pleno declínio. As igrejas que levantaram essas bandeiras perderam um número expressivo de membros. Da mesma maneira, o liberalismo e as correntes neo-ortodoxas estão em franco esgotamento. Há uma busca crescente pelo dinamismo religioso da cruz.

Os cristãos no mundo

Estatísticas e projeções dão-nos uma boa idéia da realidade do crescimento cristão no século XX. Com essa constatação, apresentamos um estudo estatístico desenvolvido pelo professor David Barrett do Regent College em Virgínia Beach, Virgínia (EUA). Nesse trabalho ele respondeu às perguntas: quantos são os cristãos no mundo, em relação ao crescimento da população? Como os cristãos estão representados no globo?

As estatísticas apresentadas por ele mostram a expansão do evangelho de Cristo sobre os poderes do mundo, embora isso não signifique uma vitória sem contradições. Assim, no início de 1900 os cristãos eram cerca de 558 milhões, num mundo de 1,6 bilhão de pessoas. Em 2000, os cristãos saltaram para 1,3 bilhão, num mundo de 6,1 bilhões de pessoas.

Mas, se em 1900 os cristãos estavam no topo das religiões mundiais, no ano 2000 os muçulmanos já tinham um número de adeptos que era a metade do número de cristãos. Da mesma maneira, também o hinduísmo teve um crescimento significativo.

TABELA 1 *Situação global no contexto dos séculos XX e XXI.* **Levantamentos realizados em 1998.**

Ano	1900	1970	1998	2000	2025
População mundial	1.619.886.800	3.697.141.000	5.892.480.000	6.158.051.000	8.294.341.000
Megacidades	20	161	400	433	650
Pobres urbanos	100.000.000	650.000.000	1.782.000.000	2.000.000.000	3.050.000.000
Favelados	20.000.000	260.000.000	1.043.000.000	1.300.000.000	2.100.000.000
Cristãos (todos)	558.056.300	1.245.934.000	1.995.026.000	2.119.342.000	3.050.229.000
Muçulmanos	200.102.200	564.212.000	1.154.302.000	1.240.258.000	1.957.019.000
Hindus	203.033.300	477.024.000	806.099.000	846.467.000	1.118.447.000
Budistas	127.159.000	237.262.000	328.233.000	334.852.000	385.818.000
Ateus	225.600	169.277.000	224.489.000	231.515.000	300.878.000

Fonte: David B. Barrett, editor, *World Christian Encyclopedia: A Comparative Survey of Churches and Religions in the Modern World*, Oxford University Press, 2001.

Também é muito interessante analisar o crescimento do cristianismo nos continentes. No início do século XX, a Europa estava no topo da lista, com 368 milhões de cristãos, e a África e a América Latina tinham quase 9 milhões e 60 milhões de fiéis, respectivamente. Mas no ano 2000 a situação equilibrou-se. A África saltou para 338 milhões, a América Latina para 471 milhões e a Europa chegou aos 527 milhões de cristãos.

TABELA 2 *Como os cristãos estão representados no globo?* Levantamentos realizados em 1998.

Ano	1900	1970	1998	2000	2025
Todos os cristãos	34,4%	33,7%	33,9%	34,4%	36,9%
Membresia	521.563.200	1.159.119.000	1.808.278.000	1.888.270.000	2.589.206.000
Praticantes	469.259.800	905.352.000	1.315.693.000	1.356.513.000	2.280.000.000
Blocos					
Católicos	266.419.400	688.542.000	992.295.000	1.030.637.000	1.303.507.000
Protestantes	103.056.700	239.056.000	381.147.000	404.892.000	640.342.000
Ortodoxos	115.897.700	146.863.000	214.692.000	219.592.000	261.839.000
Por continente					
África	8.756.400	118.721.000	309.639.000	338.285.000	669.510.000
Ásia	20.110.000	90.003.000	299.170.000	323.192.000	521.534.000
Europa	368.790.600	493.691.000	526.572.000	527.576.000	512.626.000
América Latina	60.025.100	268.350.000	450.543.000	471.855.000	618.389.000
América do Norte	59.569.700	173.331.000	202.843.000	207.251.000	241.519.000
Oceania	4.311.400	15.023.000	19.512.000	20.111.000	25.628.000

Fonte: David B. Barrett, editor, *World Christian Encyclopedia: A Comparative Survey of Churches and Religions in the Modern World*, Oxford University Press, 2001.

Se trabalharmos com as projeções, porém, arriscamos dizer que em 2025 a África será o continente mais cristão do mundo, seguido de perto pela América Latina e pela Ásia. Assim, o Terceiro Mundo dará o ritmo do cristianismo no século XXI.

E a China, tendo em vista as projeções realizadas, será o maior país cristão do mundo, caminhando para 500 milhões de fiéis. Essa possibilidade parte do atual crescimento dos cristãos chineses. E tudo indica que esse crescimento chegou para ficar.

TABELA 3 *China e número de cristãos.*

Ano	População da China	Número de cristãos
1949	450 milhões	950 mil
2000	1,3 bilhão	80 milhões
2030	1,6 bilhão	500 milhões

Fonte: David AIKMAN. *Gegrapha:* A Global fellowship of jounalists. Disponível em: www.gegrapha.org. Acesso em fev/2007.

Assim, a Igreja da era da revolução voltou-se para a ação social, mas manteve firme sua ligação com as Escrituras e com a evangelização do mundo, equilibrando-se diante da tendência ao fracionamento e ao surgimento de seitas. Esse é um aspecto negativo, a era da revolução social foi e ainda é, em relação à Igreja, a era do cisma e da divisão. E nada indica, até agora, que essa tendência caminhe para o seu fim.

Hoje, no mundo secular, as pessoas estão divididas entre aquelas que conservaram suas raízes mas perderam o contato com a ordem da sociedade existente, e aquelas que têm observado os seus contatos sociais mas perdido suas raízes espirituais.[6] Ao me-

---

6   Christopher DAWSON. *Religion and the Rise of Western Culture.* New York: Image Books, 1991, p. 11-25.

nos em relação à Europa isso é verdade. Assim, desde a Revolução Francesa a Igreja enfrentou esse tipo de divisão, que fracionou não apenas sua estrutura, mas a alma do homem moderno e até mesmo a alma de homens e mulheres cristãos.

O Brasil cristão no censo de 2000

O país tinha no ano 2000 quase 2 milhões de católicos a mais que em 1991, mas esse aumento não foi uma boa notícia para a igreja católica. Houve uma queda de dez pontos percentuais em nove anos e os que se identificam como católicos, que eram 83,8% da população brasileira, no ano 2000 representavam 73,8%.

Se fosse mantido o índice do início da década, o país teria 142,2 milhões de católicos. Havia, no entanto, no censo de 2000, 124,9 milhões, o que representa uma diferença de 17,3 milhões de fiéis. A tendência de queda já vinha da década anterior, mas foi acentuada. No censo de 1980, 88% da população declarara-se católica.

No caminho inverso estão os evangélicos. Eram 13,3 milhões em 1991, mas em 2000, 26,1 milhões, quase o dobro. Representavam uma fatia de 9,1% da população e chegaram a 15,4%.

No censo de 2000, o Rio de Janeiro destacou-se como o Estado com maior diversidade religiosa. Tinha o maior índice de não-católicos (42,8% da população) do país, repetindo um fenômeno que já havia sido constatado na pesquisa demográfica de 1991. A diminuição do rebanho católico foi acentuada no Norte e chegou a 18 pontos percentuais em Roraima e a 15 pontos em Rondônia e no Acre. Estava em Rondônia o maior índice de evangélicos: 27,7% da população. Na divisão por região, o Centro-Oeste apresentava o maior percentual de evangélicos, com 19%, e o menor de católicos, com 68,8%.

Também foi grande a redução de católicos no Estado do Espírito Santo. Em 1991, 75% dos capixabas declararam-se católicos apostólicos romanos. Em 2000, esse índice foi de 61%, revelando uma queda de 14 pontos percentuais. Houve, em contrapartida, um aumento de evangélicos, que eram 17,5% da população do Espírito Santo e passaram a 27,5%.

Embora a proporção de católicos tenha diminuído em todos os Estados, o Nordeste continua a ser a região com a maior presença católica no país, com 80% da população. A maior concentração está no Piauí, com 91,3%, revelando uma queda de apenas 3,7 pontos percentuais em relação a 1991. É o único Estado em todo o país onde a proporção de católicos supera os 90% dos habitantes.

Entre os que têm religião, há mais mulheres, especialmente evangélicas. Para cada 100 pessoas do sexo feminino evangélicas, há 78,7 homens. Em relação aos católicos, os homens só são maioria na área rural. Para cada 100 mulheres católicas nessas regiões, há 110,8 homens. Na contagem geral de católicos do país, há 97,8 homens para cada 100 mulheres.

Uma subdivisão feita pelos recenseadores indica que a grande maioria (67,6%) dos evangélicos pertence a igrejas de origem pentecostal, como Assembléia de Deus, Igreja Congregacional Cristã do Brasil e Igreja Universal do Reino de Deus. Essas três reuniam 12 milhões de fiéis, do total de 17 milhões de pentecostais, em 2000. Entre os evangélicos históricos, os batistas eram cerca de 3 milhões.

O maior país pentecostal do mundo

O Brasil é hoje, nesta primeira década do século XXI, o maior país pentecostal do mundo. Levantamento de um instituto americano indica que o país reúne 24 milhões de seguidores. Os dados constam de relatório do World Christian Database, base de dados elaborada pelo Seminário de Teologia Gordon-Conwell, um dos quatro maiores dos Estados Unidos, sem ligação com nenhuma denominação cristã. O levantamento foi feito no mundo inteiro com base em consultas às igrejas cristãs, verificadas com trabalho de pesquisa de campo.

Os dados de 2006 indicam que os pentecostais brasileiros superam por larga margem os 5,8 milhões de pentecostais dos Estados Unidos, onde essa corrente do protestantismo surgiu no começo do século XX em reação à presumida falta de fervor evangélico entre os protestantes históricos. No Brasil, a grande maioria dos evangélicos é pentecostal. Eles acreditam nos dons do Espírito Santo, no exorcismo e em curas espirituais.

Os pentecostais brasileiros formam hoje um grupo equivalente, por exemplo, à população muçulmana do Iraque. Apesar do grande crescimento que experimentou nas últimas décadas, o grupo pentecostal no Brasil ainda é muito inferior à maioria católica. Estima-se, com o censo de 2000, que existam 138 milhões de católicos atualmente no país. O Brasil continua sendo também o maior país católico do mundo.

Cristianismo e sociedade

Uma outra pesquisa, feita pela fundação americana Pew Forum, que estuda a influência da religião na sociedade, mostrou que 62% dos fiéis brasileiros não nasceram pentecostais: 45% deles eram oriundos do catolicismo. A entidade pesquisou dez países (Estados Unidos, Brasil, Chile, Guatemala, Quênia, Nigéria, África do Sul, Índia, Filipinas e Coréia do Sul) para saber como crêem e o que defendem os pentecostais em cada um desses lugares.

A pesquisa mostrou, por exemplo, que 73% dos pentecostais brasileiros acham que os líderes políticos devem ter fortes convicções religiosas e que 65% deles acreditam que grupos religiosos devem expressar suas convicções políticas. Ao todo, 83% dos pentecostais brasileiros acharam que o país vive um declínio moral. Entre a população como um todo, esses números caem, para os dois primeiros índices, a 57%. Para moral, vai a 79%.

Nos Estados Unidos, 87% dos pentecostais acharam que seus líderes políticos devem comungar suas fortes convicções religiosas e 79% declararam que grupos religiosos devem ter influência política. Todos os números que têm alguma relação com uma agenda política são maiores que os dados brasileiros. Com uma exceção: o declínio moral, que é visto como grave problema por 62% dos fiéis norte-americanos.

É interessante notar também que, nos Estados Unidos, o pentecostalismo surgiu de uma ligação muito forte com os movimentos negros. No Brasil, evangelizou os setores mais pobres da população; só com o surgimento do neopentecostalismo é que o movimento se voltou para as classes médias da população.

Entre os pentecostais dos países pesquisados pela Pew, o Brasil é o segundo que mais tolera o divórcio: 37% dizem reprovar a separação de casais contra 15% do total da sociedade em geral. Nas Filipinas, o número sobe para 84% entre os pentecostais e para 70% no geral. Em compensação, o Brasil está entre os que mais reprovam o aborto: 91% dos pentecostais contra 79% ao todo no país. Nos Estados Unidos, esses dados caem para 64% e 45%, respectivamente.

Apenas em um item abre-se um abismo entre os pentecostais e outras pessoas: o fervor religioso. Entre os entrevistados pela Pew Forum, 86% dos pentecostais dizem que vão a uma igreja ao menos uma vez por semana. Na população como um todo, o dado cai para 38%. Quando o assunto é leitura da Bíblia, 51% dos pentecostais dizem ler as Escrituras diariamente, contra 16% das demais pessoas.

Em relação aos católicos, no fim dos anos 1990, a Renovação Carismática Católica, que teve como maior expoente o padre Marcelo Rossi, era tida como a resposta para a perda de fiéis para os pentecostais. A pesquisa da Pew Forum mostrou que tal estratégia não deu resultado.

Segundo a pesquisa, 34% da população brasileira se diz carismática, o que equivale a cerca de 62 milhões de pessoas. O problema é que os hábitos dessas pessoas não diferem muito dos outros cristãos, o que abre caminho para uma conversão futura.

A renovação carismática é o "lado católico" do pentecostalismo e, tal como os protestantes, também valoriza os dons concedidos pelo Espírito Santo, a oração de poder e a prece em línguas.

JORGE PINHEIRO
Teólogo e cientista da religião. É doutor e mestre em
Ciências da Religião pela Universidade Metodista de São Paulo
e teólogo pela Faculdade Teológica Batista de São Paulo.
Professor de Teologia Contemporânea e Teologia Sistemática.

Leituras complementares

BETTENSON, H. (ed.). *Documentos da igreja cristã*. São Paulo: Aste, 1998.

CAIRNS, Earle E. *O cristianismo através dos séculos*. São Paulo: Vida Nova, 1988.

COSTA, Hermisten. *Calvino de A a Z*. São Paulo: Vida, 2006. Coleção Pensadores Cristãos.

CURTIS, A. Kenneth; LANG, J. Stephen; PETERSON, Randy. *Os 100 acontecimentos mais importantes da história do cristianismo*. São Paulo: Vida, 2004.

FERREIRA, Franklin. *Agostinho de A a Z*. São Paulo: Vida, 2006. Coleção Pensadores Cristãos.

———. *Gigantes da fé*. São Paulo: Vida, 2006.

LANG, J. Stephen. *777 curiosidades sobre a Bíblia e seu impacto na história e na cultura*. São Paulo: Vida, 2006.

NEILL, Stephen. *História das missões*. São Paulo: Vida Nova, 1997.

OLSON, Roger. *História da teologia cristã*. São Paulo: Vida, 2001.

PIRAGINE JR., Paschoal. *Crescimento integral da igreja*. São Paulo: Vida, 2007.

RUNCIMAN, Steven. *História das cruzadas*: a primeira cruzada e a fundação do reino de Jerusalém. Rio de Janeiro: Imago, 2002, v. 1.

———. *História das cruzadas*: o reino de Jerusalém e o Oriente franco. Rio de Janeiro: Imago, 2002, v. 2.

———. *História das cruzadas*: o reino de Acre e as últimas cruzadas. Rio de Janeiro: Imago, 2002, v. 3.

RICHARDS, Larry. *Comentário bíblico do professor*. São Paulo: Vida, 2004.

WALTON, Robert C. *História da Igreja em quadros*. São Paulo: Vida, 2000.

Esta obra foi composta em *Agaramond*
e impressa por Geográfica sobre papel
Pólen Natural 70 g/m² para Editora Vida.